Par monts et par mots

Peter Lang

Bruxelles · Bern · Berlin · New York · Oxford · Wien

Jonathan-Olivier Merlo

Par monts et par mots

Pour un itinéraire sociolinguistique de la francophonie

Champs didactiques plurilingues
Vol. 16

Cette publication a fait l'objet d'une évaluation par les pairs.
Toute représentation ou reproduction intégrale ou partielle faite par quelque procédé que ce soit, sans le consentement de l'éditeur ou de ses ayants droit, est illicite.

© P.I.E. PETER LANG s.a.
Éditions scientifiques internationales
Bruxelles, 2023
1 avenue Maurice, B-1050 Bruxelles, Belgique
www.peterlang.com ; brussels@peterlang.com

ISSN 2593-6972
ISBN 978-2-87574-814-0
ePDF 978-2-87574-815-7
ePub 978-2-87574-759-4
DOI 10.3726/b20577
D/2023/5678/0

Information bibliographique publiée par « Die Deutsche Bibliothek »
« Die Deutsche Bibliothek » répertorie cette publication dans la « Deutsche National-bibliografie » ; les données bibliographiques détaillées sont disponibles sur le site <http://dnb.ddb.de>.

TABLE DES MATIERES

PRÉFACE 11

INTRODUCTION 13

1 De la langue et du social : la sociolinguistique 17
   1.1 A propos de linguistique 17
   1.2 La langue et le social 18
   1.3 Le monde francophone : une communauté de langue ? 20

2 Sociolinguistique : quelques concepts 23
   2.1 Variation(s) sur la langue 23
       2.1.1 La variation dans le temps : diachronie 24
       2.1.2 Styles et registres de langue 25
       2.1.3 La variation selon l'appartenance sociale : la diastratie . 26
       2.1.4 La variation spatiale ou diatopique 26
       2.1.5 La variation écrit / oral ou variation diamésique 27
   2.2 La dénomination des phénomènes langagiers 28
       2.2.1 Accent 28
       2.2.2 Argot 30
       2.2.3 Dialecte 31
       2.2.4 Koinè 32
       2.2.5 Patois 33
       2.2.6 Véhiculaire, vernaculaire 33
   2.3 Le regard social sur les langues 34
       2.3.1 Epilinguistique (discours) 34
       2.3.2 Habitus linguistique 35
       2.3.3 Idéologie(s) linguistique(s) 35
       2.3.4 Insécurité linguistique 37
       2.3.5 Marché linguistique 39

    2.3.6 Représentations linguistiques 39
    2.3.7 Technique du locuteur masqué 40

3 Décrire les usages langagiers 43
3.1 Répertoires individuels et sociaux 43
    3.1.1 Bilinguisme 44
    3.1.2 Capital linguistique 44
    3.1.3 Compétences actives, passives, intercompréhension 45
    3.1.4 Continuum 46
    3.1.5 Diglossie 47
    3.1.6 Langue de première socialisation (L1), Langue seconde (LS), Langue étrangère (LE) 48
    3.1.7 Langues de l'immigration, Langue d'Origine Héritée (LOH) 50
    3.1.8 Locuteur et auditeur 51
    3.1.9 Plurilinguisme 52
3.2 Norme(s) et faits de langues 52
    3.2.1 Archaïsme 53
    3.2.2 Emprunt 54
    3.2.3 Norme(s) descriptive(s) / norme(s) prescriptive(s) 54
    3.2.4 Norme endogène, norme exogène 55
3.3 Aménagement linguistique 56
    3.3.1 Les types d'intervention sur la langue 56
    3.3.2 Standardisation 57

4 Langues et sociétés dans l'aire francophone 59
4.1 Afrique francophone 63
    4.1.1 Le statut des langues 63
    4.1.2 Les langues en (co-)présence 64
    4.1.3 Le français d'Afrique et ses locuteurs 66
4.2 Belgique : État plurilingue et régions monolingues 67
    4.2.1 Communes à facilités linguistiques 68
    4.2.2 La Circulaire Peeters 68
    4.2.3 L'insécurité linguistique en Belgique 69

4.3 Canada francophone : État fédéral et fragmentation des contextes 70
    4.3.1 Le contexte canadien 70
    4.3.2 Nouveau-Brunswick : minoration linguistique en Acadie 71
    4.3.3 Québec : politique, langue, identité 72
4.4 France : monolinguisme d'État et langues de France 75
    4.4.1 Langues régionales, état des lieux 76
    4.4.2 Législation linguistique en France 76
4.5 Liban : usages et superposition des langues 78
4.6 Maghreb : politiques d'arabisation et plurilinguisme 79
    4.6.1 Les langues en co-présence 79
    4.6.2 Le français et l'arabe depuis les indépendances 80
4.7 Suisse : langues et territorialisation 81
    4.7.1 L'aire germanophone 82
    4.7.2 L'aire francophone 83
4.8 Vallée d'Aoste : langues officielles et langues réelles 83

5 Dynamiques de contacts de langues 87
    5.1 Alternance codique (code switching), mélanges de codes (code mixing), créoles 87
        5.1.1 Deux cas d'alternance codique : le francolof et le fransango 88
        5.1.2 Les locuteurs et l'alternance codique 89
        5.1.3 Mélanges de codes (code mixing) 89
        5.1.4 Créoles et pidgins 90
    5.2 Etudes de cas 91
        5.2.1 Le *camfranglais* au Cameroun 91
        5.2.2 Le *chiac* au Nouveau-Brunswick 92
        5.2.3 Le *nouchi* et le *FPI* (Français Populaire Ivoirien) 94

POUR CONCLURE 97
BIBLIOGRAPHIE 101
INDEX THEMATIQUE 113
INDEX DES CARTES 117

PRÉFACE

Le projet que Jonathan-Olivier Merlo concrétise dans ce petit livre consacré à la francophonie est original et le texte que vous vous apprêtez peut-être à lire est d'un genre assez hybride, ce qui convient très bien pour parler de la francophonie. Si vous parcourez la table des matières, vous verrez une structure qui s'apparente à un dictionnaire, une liste d'entrées qui couvrent et délimitent une notion qui a retenu l'attention de l'auteur, originaire du Pays basque et installé dans l'italienne Toscane depuis plus de 20 ans. Cette notion, la francophonie — à distinguer de la Francophonie — renvoie aux espaces où l'on peut entendre et lire le français dans l'espace public et privé, à des degrés divers toutefois. Le livre n'est donc pas consacré à la Francophonie institutionnelle, mais à celle « des peuples », selon l'expression consacrée.

Au-delà de son aspect dictionnairique, le texte se lit aussi comme un essai, ou plutôt un parcours subjectif, quoique dument cartographié, dans le paysage francophone des sciences du langage, plus précisément en linguistique et en sociolinguistique. Ce parcours permet de (re)découvrir des notions mobilisées en fonction du projet de l'auteur, qui est donc de donner un aperçu synthétique mais suffisamment détaillé de la francophonie et des outils intellectuels utiles pour la penser.

Le français s'est diffusé dans l'espace en raison de la place que l'État français a occupé dans l'histoire. Mais de nombreuses personnes dans le monde se sont appropriées et s'approprient encore le français comme une langue de leur environnement, mobilisée dans des pratiques langagières qui s'appuient sur et donnent naissance à des formes particulières au français, que d'autres locuteurs de cette même langue se feront un plaisir (ou une science) d'identifier plus ou moins précisément : ah c'est du français de Belgique (ou de Marseille, ou de Moncton, ou d'Afrique...). La notion de *variation* est donc essentielle dans le contexte de cette étude, et le deuxième chapitre la thématise, comme il aborde les notions de *dialecte*, d'*accent*, de *patois*, etc. On retrouvera, entre autres, dans ce même chapitre qui envisage la francophonie dans une perspective sociolinguistique, les notions de *représentations linguistiques*, d'*idéologies langagières*, d'*insécurité* et d'*hypercorrection linguistique*, qui sont expliquées de manière claire et toujours contextualisées par rapport à la francophonie.

Après les outils pour penser de façon critique, les outils pour décrire. Dans le troisième chapitre, Jonathan-Olivier Merlo revient sur des notions qui apparaissent régulièrement dans la littérature (*capital linguistique, compétences actives/passives, bilinguisme* et *plurilinguisme, diglossie* et *continuum*…) en posant sur elles un regard à la fois personnel et documenté.

Le quatrième chapitre zoome sur un certain nombre de régions francophones pour donner un aperçu des différents régimes linguistiques qui configurent les pratiques et les formes du français dans différents endroits du monde.

Cette promenade en francophonie s'achève par une réflexion sur les contacts de langues et la présentation de quelques variétés qui connaissent un certain succès médiatique (le camfranglais, le chiac et le nouchi). Ces dernières se caractérisent par un haut degré d'imbrication linguistique de deux (ou plusieurs) codes qui finissent par en créer un nouveau.

Le livre de Jonathan-Olivier Merlo s'adresse à toutes les personnes qui désirent en savoir plus sur les conditions linguistiques et sociolinguistiques qui influencent les pratiques langagières des locuteurs francophones dans le monde, France comprise (cette précision ne me semble pas inutile car dans les représentations de nombreux Français et Françaises, il y a la France d'un côté et les pays francophones de l'autre !). Je pense notamment aux enseignant·es de FLE, mais aussi à tous ceux et toutes celles qui enseignent en français dans des régions dites périphériques, qui sont souvent des régions de contacts de langues.

La francophonie est diverse, et le français se diversifie toujours plus, même s'il conserve une image un peu pédante de langue très normée, difficile à apprendre et porteuse d'un degré de civilisation raffinée. La lecture des pages qui suivent, ami lecteur, amie lectrice, devrait vous fournir tous les outils nécessaires pour brouiller cette image et mieux comprendre le statut, les formes et les pratiques d'une langue qui est la 5e la plus parlée au monde, après l'anglais, le chinois, l'hindi et l'espagnol, selon la synthèse 2022 de l'OIF[1].

Marinette Matthey
Université Grenoble Alpes, LIDILEM

---

[1] https://observatoire.francophonie.org/wp-content/uploads/2022/03/Synth%C3%A8se-2022.pdf

INTRODUCTION

De Montréal à Abidjan, en passant par Bruxelles et Casablanca, l'idée de francophonie évoque avant tout, dans le sens commun, un vaste espace à travers le monde où des dizaines, voire des centaines de millions de personnes, « parleraient » le français. Bien au-delà des frontières de l'Hexagone, la langue française jouit en effet d'une position privilégiée dans de nombreuses aires de l'Amérique du Nord, en Afrique subsaharienne, ou encore au Maghreb. Pourtant, on ne peut manquer de constater combien le vocable « parlé » est en lui-même ambigu, alimentant une certaine confusion dès lors qu'il s'agit d'évaluer le nombre de personne « parlant » le français. En effet, combien de francophones dénombre-t-on dans le monde ? Les évaluations varient : 120 millions ? 200 millions ? 500 millions ? Comment arriver à un décompte fiable et univoque ?

En réalité, les différents chiffres avancés sont tous plus ou moins vrais, selon le point de vue que l'on adopte, c'est-à-dire selon ce que l'on entend par « locuteur francophone ». Car la situation du français dans le monde est extrêmement variable, différant grandement en fonction des contextes – sociaux, linguistiques, nationaux – au sein desquels il est présent. Comment définir un francophone ? Est-ce un individu ayant le français comme langue maternelle ? Ou qui au contraire l'aura appris à l'école ? Voire dans la rue ?

Par ailleurs, de quelle(s) francophonie(s), de quelle(s) communauté(s) linguistique(s) parle-t-on s'agissant de nations aussi différentes que le Cameroun, la France ou le Canada ? S'agit-il de mettre en exergue l'unicité de ces communautés ou au contraire leur caractère hétérogène ?

Et enfin, le rapport des individus, des sociétés ou encore des États à la langue française – et aux autres langues en co-présence – y est-il réellement comparable ? Le français y recouvre-t-il une valeur identitaire similaire, pouvant servir de ciment à la communauté sociale ? Ou, à l'opposé, sa présence est-elle perçue, ne serait-ce que potentiellement, comme problématique ?

La réflexion que l'on tente de mener dans ce volume n'a pas pour but de dresser un état des lieux systématique des différents contextes francophones observables par le monde ; ni de proposer une narration retraçant l'histoire de la diffusion du français ; ni, enfin, d'illustrer la manière dont celui-ci varie du point de vue linguistique – lexical, phonologique, morphosyntaxique – d'une région francophone à l'autre. D'excellents ouvrages et de nombreuses ressources en ligne de qualité, destinés aussi bien aux curieux qu'aux étudiants et aux spécialistes, existent déjà. En revanche, il nous est apparu utile d'imaginer un itinéraire à la découverte de la diffusion internationale du français, tout en favorisant une sensibilisation propédeutique aux principaux concepts sociolinguistiques, afin de proposer une meilleure description / compréhension des différentes réalités francophones dans le monde.

Ce double objectif n'est pas aisé en ce qu'il détermine des choix. En effet, la sociolinguistique, pour paraphraser Blanchet (2011 : 17–18), du fait qu'elle balaye d'un seul regard à la fois la langue et les sciences sociales, se trouve parcourue de sensibilités épistémologiques très diverses, qui toutes n'ont pu trouver leur place dans ce volume. Les notions explicitées ici ont été retenues parce que plus utiles aux non spécialistes de la langue. Chacune de celles-ci se veut un instrument conceptuel utile pour mieux rendre compte de dimensions souvent ignorées dans les analyses géopolitiques et sociales, celles qui ont trait à la valeur – identitaire, économique, symbolique – des langues et au rapport que les individus et les groupes sociaux entretiennent avec celles-ci. Ainsi, chaque notion ou concept a été illustré à l'aide d'exemples, de références ou de brèves études de cas relatifs à des situations attestées dans tout le monde francophone.

Par conséquent, sans prétendre à l'exhaustivité, ce volume peut être appréhendé aussi bien comme une introduction succincte à la sociolinguistique que comme une description thématique des principaux contextes francophones à travers le monde. Ce parti pris se retrouve également dans le choix des sources et des références bibliographiques, où l'on a davantage privilégié d'une part les articles faisant état de recherches ponctuelles en réduisant, sans pour autant les exclure, les ouvrages à visée théorique, et favorisé d'autre part les ressources en ligne en libre accès, chaque fois que cela a été possible.

S'agissant de langue, le parcours que l'on propose ici débute par une nécessaire distinction entre linguistique et sociolinguistique, et par la définition d'un certain nombre de notions théoriques liées à cette dernière, en relation notamment à la variation, aux différentes manières de nommer les langues et enfin au regard que les locuteurs portent sur celles-ci. Ce travail initial nous permettra, dans un second temps, de mieux affiner la compréhension des différents instruments conceptuels disponibles pour décrire les répertoires linguistiques, aussi bien des individus que des communautés sociales, ainsi que le rapport qu'entretiennent les locuteurs à la ou aux norme(s) linguistique(s) en vigueur dans l'espace social.

Une fois franchies ces deux premières parties théoriques, la question se posera donc de définir la francophonie à travers le double rapport qu'une société est susceptible d'entretenir d'un côté avec le français et de l'autre avec l'ensemble de son répertoire / patrimoine linguistique. A partir de quelques escales dans des régions ou pays francophones particulièrement emblématiques à cet égard, on tentera de dégager les différentes problématiques dérivant de la coexistence – parfois conflictuelle, souvent concurrentielle – de deux ou plusieurs langues au sein d'une même société, en mettant l'accent à la fois sur les représentations linguistiques et sur les tentatives d'aménagement linguistique.

Finalement, l'itinéraire se conclura là même où il a débuté, sur la langue. En effet, les situations de contacts de langues à travers la francophonie sont susceptibles d'engendrer des phénomènes linguistiques spécifiques, directement en relation avec les conditions sociales qui en ont favorisé la genèse et le développement, et qui montrent combien les situations sociolinguistiques en apparence les plus complexes sont souvent les plus instables, mais surtout celles qui engendrent le plus grand dynamisme linguistique.

1
De la langue et du social : la sociolinguistique

La linguistique traditionnelle a toujours focalisé son attention sur la seule langue, prise en tant que telle, et sur la recherche de règles systémiques qui pourraient en expliquer à la fois le fonctionnement et l'évolution dans le temps. Au risque de schématiser à l'excès, on pourrait dire que le travail des linguistes est de tendre à établir, à partir des régularités présentes dans les systèmes linguistiques, ce qu'il y a d'universel dans la langue.

Cette approche conduit toutefois à distinguer entre ce qui relève strictement de l'ordre du linguistique et ce qui est contextuel à la langue, c'est-à-dire tout ce qui tient aussi bien des conditions de réalisation des actes langagiers que des locuteurs qui les mettent en œuvre. En d'autres termes, tout ce qui a trait à la dimension sociale de la langue semblerait être a priori maintenu à l'écart des préoccupations des linguistes. Or, comme on s'appliquera à le comprendre dans ce premier chapitre, il est difficile de tenir langue et social séparés dès lors que l'on admet que la langue est susceptible de changer dans le temps, voire de varier tout court. Surtout, l'idée même de francophonie devient totalement abstraite si l'on se prive de toute référence à ses locuteurs, c'est-à-dire à la ou aux communautés humaines ayant adopté le français, à des degrés divers, pour répondre à leurs besoins communicatifs et/ou identitaires.

1.1 A propos de linguistique

La linguistique a profondément été marquée par la pensée de Ferdinand de Saussure dont la réflexion s'est toute concentrée sur la langue prise comme objet d'étude en soi, en faisant abstraction de toute autre considération. Certes, le linguiste suisse (1916 : 42–43) admet très tôt l'existence des facteurs sociaux ; néanmoins, il ne reconnaît à ces facteurs externes à la langue aucune faculté d'influencer le système linguistique. Pour lui, la langue se conçoit comme :

> un trésor déposé par la pratique de la parole dans les sujets appartenant à une même communauté, un système grammatical existant virtuellement dans chaque cerveau, ou plus exactement dans les cerveaux d'un ensemble d'individus ; car la langue n'est complète dans aucun, elle n'existe parfaitement que dans la masse. [...] La langue n'est pas une fonction du sujet parlant, elle est le produit que l'individu enregistre passivement (ibid. : 30).

Conséquence logique de ce positionnement, le but de la linguistique ne serait donc autre que d'analyser la langue d'un individu archétypique :

> un locuteur-auditeur idéal, appartenant à une communauté linguistique complètement homogène, qui connait parfaitement sa langue et qui, lorsqu'il applique en une performance effective sa connaissance de la langue, n'est pas affecté par des conditions grammaticalement non pertinentes telles que limitation de mémoire, distractions, déplacements d'intérêt ou d'attention, erreurs (Chomsky 1971 : 12).

Le locuteur réel, sujet actant de la mise en parole – il n'est de langue sans locuteurs – semble bien être totalement absent de la réflexion de Chomsky, et des générativistes à sa suite. De la même manière et comme on l'a déjà observé chez Saussure, tout ce qui forme le contexte de la communication est là encore totalement ignoré.

> Une grammaire générative n'est pas un modèle du locuteur ou de l'auditeur [...], elle tente de caractériser de la manière la plus neutre la connaissance de la langue qui fournit la base à la mise en acte effective du langage par le locuteur-auditeur (ibid. : 19).

Même si la pensée chomskyenne n'a cessé d'évoluer par la suite (Boeckx & Hornstein 2007), le locuteur idéal reste la préoccupation centrale, au détriment du locuteur réel et de toute dimension sociale. Ainsi, dans sa quête de la grammaire parfaite, universelle, propre d'un individu adulte idéal, cette linguistique se condamne à ignorer les conditions sociales, réelles, de production de la langue.

1.2 La langue et le social

Il est pourtant difficile de faire abstraction du fait que les êtres humains sont avant tout des êtres sociaux, et que dans toute forme d'agrégation ou d'organisation sociale, la langue constitue l'un des ciments de la communauté. Ainsi, à contre-pied de l'approche linguistique traditionnelle, il est aussi possible de considérer que *le véritable objet de la linguistique n'est pas seulement la langue ou les langues, mais la communauté sociale sous son aspect linguistique* (Calvet 1993 : 85). C'est en effet à partir de l'émergence de cette sensibilité nouvelle, en particulier à partir des années soixante, que va naitre la sociolinguistique.

> Parce que chez l'humain tout est langage au point que la capacité linguistique soit une des caractéristiques définitoires principales de l'humanité, parce que chez l'humain tout ou presque est social ou culturel, tout chez l'humain est sociolinguistique (Blanchet 2013 : 94).

En fait, les travaux précurseurs de sociolinguistes tels que Labov vont permettre de démontrer l'importance des facteurs sociaux pour expliquer le changement linguistique. Dans cette perspective, l'évolution de la langue n'est plus exclusivement due à des mécanismes intrinsèques à la langue ; on en recherche également les causes dans les dynamiques socio-historiques dans lesquelles s'insèrent les collectivités humaines.

Ces recherches vont également s'approprier certaines idées issues de la dialectologie, comme les concepts de continuum dialectal et d'aires de transition, qui permettent de dépasser la notion de frontière dialectale (Chambers & Trudgill 1995). Ainsi, l'idée d'une ligne de séparation nette, précise, entre deux aires dialectales est-elle contestée, la notion de frontière entre deux langues ou deux variétés de langue résultant davantage d'un désir de classification et de maitrise de la réalité – une langue n'existe que parce qu'on l'a reconnue comme telle en lui attribuant un nom (Canut 2001) – que de l'observation de celle-ci.

Ce dépassement des domaines d'intérêt de la linguistique traditionnelle et la réflexion ainsi générée vont se poursuivre dans les décennies suivantes, débouchant sur une sociolinguistique parfois dite sociolinguistique variationniste. Comme l'a synthétisé Gadet (2007 : 13),

> il n'est pas de langue que ses locuteurs ne manient sous des formes différentes [...]. La réalité des pratiques des locuteurs, comme de leurs évaluations sur les façons de parler, attestent de différences, d'inégalités, de jugements de valeur et de discriminations. [...] Les façons de parler se diversifient selon le temps, l'espace, les caractéristiques sociales des locuteurs et les activités qu'ils pratiquent.

Ainsi, si l'on sait que la langue évolue dans le temps, Labov (1992) démontre assez tôt, à partir de l'opposition entre variables imputables au système linguistique et variables sociales, que les changements linguistiques sont causés à la fois par des facteurs linguistiques et par des facteurs sociaux – notamment l'âge, le sexe et la classe sociale des locuteurs – les leaders du changement n'étant pas, contrairement aux idées reçues, les membres des classes supérieures.

A cette variation dans le temps, ou variation diachronique, s'ajoutent d'autres types de variations plus étroitement sociolinguistiques. Tout d'abord, la langue varie également dans l'espace (diatopie), d'une région à une autre ou encore d'un pays à un autre comme dans le cas de langues de diffusion internationale telles que le français, parlé dans de nombreux autres pays en dehors de l'Hexagone, mais aussi de l'anglais, de l'espagnol, du portugais ou encore de l'arabe.

De la même manière, la langue varie du point de vue social (diastratie), les variétés utilisées par les classes populaires se révélant différentes de celles en usage chez les classes moyennes et les classes supérieures ; dans la réalité, chaque classe sociale possède une propre variété de référence valorisée par l'ensemble de ses membres.

La langue varie enfin selon le registre utilisé (diaphasie), en fonction des différents éléments formant le contexte de la communication : statut et prestige social respectifs des locuteurs en co-présence, degré de connivence entre eux, buts de la communication, charge émotionnelle. Même s'il est possible d'observer d'autres axes de variation, par exemple en fonction de l'âge ou du genre, voire en fonction du support – écrit ou oral – de la communication, les principaux axes variationnels explicités ci-dessus permettent déjà de souligner combien le système linguistique est fluctuant en soi, c'est-à-dire intrinsèquement hétérogène.

1.3 Le monde francophone : une communauté de langue ?

Le constat que l'on vient de dresser, à savoir que la langue n'est pas une et homogène, mais qu'elle est au contraire plurielle par essence, entraine une considération supplémentaire si l'on prétend, comme on entend le faire ici, observer la langue du point de vue social – ou le social du point de vue linguistique.

Dans la mesure où toute langue est liée à une communauté sociale, il est possible de définir la communauté linguistique *non pas comme un ensemble de locuteurs employant les mêmes formes [...] on la décrit* mieux comme étant un groupe qui partage les mêmes normes quant à la langue* (Labov 1976 : 228). Contrairement à une communauté linguistique fondée sur un usage moyen et l'intercompréhension mutuelle (Bloomfield 1933 : 47-48) voire sur le partage d'un même et unique répertoire (Chomsky 1971 : 12), on envisage la communauté linguistique avant tout comme une communauté sociale prise dans une perspective (socio)linguistique.

En d'autres termes, plus qu'une communauté de langue, de répertoire ou de pratiques langagières, la communauté linguistique doit être vue comme un espace social dans lequel les différents groupes ou sous-groupes sociaux partagent un ensemble d'attitudes sociales envers les différents usages de la langue et leur hiérarchisation, par référence à des normes communes.

Tant dans la sphère privée que dans l'espace social, un ouvrier ne parle pas de la même manière qu'un avocat, ni un urbain comme un rural, ni même un Toulousain comme un Parisien, mais tous ces locuteurs perçoivent de manière plus ou moins consciente la variété de français promue par l'institution scolaire comme le modèle de langue de référence, ou tout au moins comme celui à utiliser dans les situations requérant un certain niveau de formalité. Dans une optique davantage liée aux réalités francophones qui nous intéresse, on notera par ailleurs que si Français et Québécois ont tous en partage la langue française, ils appartiennent bien à deux communautés sociales distinctes. Inversement, Montréalais anglophones et francophones, bien que bilingues pour la majorité d'entre eux, ne partagent pas la même langue maternelle : or, tous appartiennent bien à la même communauté montréalaise caractérisée par son cosmopolitisme.

Enfin, on observera que les répertoires individuels différant selon le statut et le parcours social de chacun, la communauté linguistique se présente plus comme *une organisation de la diversité* que comme *une reproduction de l'uniformité* (Hymes 1991 : 42). Les variétés s'articulent selon une stratification sociolinguistique soumise à un modèle normatif dominant, reconnu par tous comme variété de référence, et fondant la cohésion de la communauté (Bretegnier 2010 : 109). En ce sens, le français étant doté d'un statut variable et revêtant des rôles et des fonctions sociales fort différents selon les différents pays où il s'est diffusé, il est difficile de reconnaitre au monde francophone une certaine unité à partir du simple partage de la langue. En revanche, la francophonie devient tangible dès lors que ses membres partagent une adhésion commune à une certaine hiérarchisation des usages langagiers et la reconnaissance d'un même acrolecte, forme « haute » de la langue requise dans les situations de formalité et correspondant, dans les représentations linguistiques les plus courantes, à la langue parlée à Paris – ou en France.

Corollaire de cette vision monocentrique, les francophones partagent également une même tendance à l'autodépréciation : les locuteurs « périphériques » ont souvent une perception négative de leurs propres usages « régionaux », ou « endogènes », perception directement liée au sentiment d'avoir des usages éloignés de ceux du centre fantasmé de la langue (Merlo 2018 : 37–44). L'insécurité linguistique qui résulte de cette tendance est attestée dans l'ensemble de l'aire francophone, même si l'on observe que les formes standards correspondant aux situations de formalité s'ouvrent à la diatopie au cours des dernières décennies – c'est le cas pour la langue des journalistes ou des hommes politiques. Cette évolution fait suite à l'émergence d'un lent mouvement d'autolégitimation des usages endogènes attestés d'abord chez les Québécois (Gervais 2003 : 222) et plus récemment chez les locuteurs belges (Francard 2010 : 118–123) et suisses (Heyder 2015 : 46–47), mais également, notamment à partir de la sphère littéraire, en Afrique subsaharienne francophone (Daff 2004).

Etant donné que l'espace francophone reste encore fortement monocentrique et mononormatif, on est en droit de se demander si l'évolution actuelle des usages langagiers ne porte pas les germes d'un certain polycentrisme, comme c'est le cas pour d'autres langues comme l'anglais, le portugais ou encore, dans une moindre mesure, l'espagnol.

2
Sociolinguistique : quelques concepts

Comme toute langue, le français ne se réduit pas à la seule norme scolaire décrite dans les grammaires, les manuels d'apprentissage et autres ouvrages de référence. Ainsi, comme nous le verrons dans un premier temps, les actes communicatifs sont par définition générés dans le cadre de situations de communication qui influencent les choix langagiers de locuteurs. Mais les locuteurs sont également soumis, comme on observera ensuite, à un jeu d'influences sociales et linguistiques déterminées par leur appartenance sociale, professionnelle, ou encore géographique, qui vont déterminer à la fois leur perception des différents usages langagiers et leur capacité à opérer les choix linguistiques inhérents à ces mêmes usages.

2.1 Variation(s) sur la langue

Comme on l'a déjà vu dans le chapitre précédent, on rappellera qu'une langue varie selon le canal de communication employé, oral ou écrit (variation diamésique), en fonction de la classe sociale du locuteur (variation diastratique), de son origine géographique (variation diatopique) et du registre de langue utilisé dans une situation déterminée (variation diaphasique).

Beaucoup plus qu'en italien, où la variation régionale est omniprésente dans le panorama linguistique, le français tend, dans une situation formelle, à neutraliser tout signe de l'origine sociale ou régionale du locuteur :

> C'est de façon négative que se laisse le mieux délimiter le standard : il n'est ni le français régional, ni l'oral, ni le populaire, et il prétend à la neutralité devant les genres discursifs. [...] au-delà de l'élimination des patois, les formes de français régionalement marquées (de France et hors de France)

ont ainsi été marginalisées. Elles le sont pourtant moins que les variétés diastratiques, [...] et la stigmatisation diastratique est encore plus forte que la marginalisation de l'expression diatopique (région ou ruralité). (Gadet 2007 : 114)

Si en Italie le fait qu'un homme ou une femme politique puisse laisser percevoir son origine régionale est socialement accepté, l'accent régional est en revanche encore largement stigmatisé en France. Même si un accent régional est susceptible de générer une certaine sympathie, il fait également l'objet de jugements dépréciatifs et de stigmatisations qui traduisent bien une hiérarchie des pratiques langagières (Gasquet-Cyrus 2010 : 184–185), ses locuteurs risquant d'être perçus comme peu cultivés et donc potentiellement incompétents. En effet, dans les représentations linguistiques de nombre de francophones prévaut encore souvent l'idée que le bon français est celui de Paris, en particulier celui de la bourgeoisie parisienne en situation formelle, alors que c'est davantage l'absence d'accent – par neutralisation de tout trait identifiable comme régionalisme – à être posé comme modèle :

> l'accent est un qualificatif déclassant, qu'il convient d'éviter pour avoir accès aux lieux d'exercice du pouvoir symbolique. Le parler réputé sans accent indique l'appartenance sociale au groupe dominant (Candea 2021 : 20).

De manière générale, la diaphasie constitue l'axe variationnel le plus important en français, en permettant de moduler une infinité de nuances, alors qu'en italien c'est bien la diatopie qui constitue la toile de fond de la langue contemporaine.

2.1.1 La variation dans le temps : diachronie

Toute langue évolue dans le temps, et le français parlé – et écrit – aujourd'hui n'est pas le même qu'il y a un ou deux siècles. Sur le long terme, une langue se transforme de telle manière qu'en imaginant que deux locuteurs d'un même lieu, l'un vivant au XIIème siècle ap. J.C. et l'autre au XXème, puissent un jour se rencontrer et se mettre à converser, il y a fort à parier qu'ils ne se comprendront pas. Ainsi, dans une perspective historique, on peut considérer qu'il n'y a pas vraiment de discontinuité entre le latin et le français, ou l'italien, puisque ces deux langues représentent en fait un stade d'évolution du latin.

En ce qui concerne l'évolution d'une langue, on sait en sociolinguistique qu'un centre est toujours plus innovateur qu'une périphérie. Par exemple, les langues latines les plus proches du latin sont le roumain et le sarde, langues « périphériques » du domaine roman, dans la mesure où elles sont davantage isolées que l'italien, le français ou le catalan, et qu'elles ont par conséquent connu une évolution moindre.

De la même manière, la ville a davantage de propension à l'innovation, tandis que la campagne est plus conservatrice. Ce caractère novateur du centre explique pourquoi certains régionalismes sont perçus, du point de vue linguistique, comme des archaïsmes, la norme centrale de référence ayant évolué vers de nouvelles formes linguistiques qui ne se sont pas diffusées à l'ensemble de la périphérie.

2.1.2 Styles et registres de langue

On appelle diaphasie la variabilité de la langue du point de vue des registres. Le registre adopté par un locuteur au cours d'une interaction dépend non seulement de sa double origine sociale et géographique, mais aussi du degré de formalité requis par la situation de communication : buts de l'interaction, statut des interlocuteurs et niveau de connivence entre eux.

On a tendance à classer les registres du haut vers le bas, le degré de formalité allant en décroissant : registres soutenu, formel, standard/courant, familier, vulgaire. La réalité des usages langagiers est toutefois plus complexe et les stratégies de communication d'un individu dans une situation donnée montrent que les frontières entre les différents registres sont largement perméables et autorisent à « jouer » avec plusieurs registres à l'intérieur d'un même énoncé. Toutefois, ce dernier constat invite également à s'interroger sur les limites de la notion.

En effet, l'idée même de variabilité implique celle de variétés, qui se conçoivent comme un ensemble suffisamment homogène de traits communs. Or, dans la mesure où les individus sont toujours plus ou moins en mesure d'adapter leurs propres stratégies communicatives au contexte, il est également possible de parler de style, l'agentivité des locuteurs – et l'intentionnalité de leurs choix linguistiques – s'opposant à une sorte de déterminisme inhérent à la notion de variation (Candea 2020 : 7–8).

2.1.3 La variation selon l'appartenance sociale : la diastratie

On entend par diastratie la variabilité de la langue du point de vue social, chaque classe sociale ayant des normes d'usage propres, que l'on peut également concevoir comme un sociolecte. On parle par exemple de français populaire, français des banlieues, français des classes moyennes, de la bourgeoisie parisienne, etc.

Si ces classifications peuvent parfois se révéler réductrices – Bourdieu (1983 : 98–101) a montré par exemple combien la notion de « populaire » est en soi une construction artificielle au service des dominants – on peut toutefois noter que les variantes diastratiques n'ont pas la même valeur sur le marché linguistique. En effet, plus on descend dans la hiérarchie sociale, plus le sociolecte devient l'objet de jugements stigmatisants et dépréciatifs.

Parallèlement, l'utilisation de celui-ci par les membres d'un groupe social déterminé véhicule aussi un sentiment d'appartenance à ce groupe, les locuteurs pouvant par ailleurs se révéler parfaitement conscients de la valeur de leurs propres usages langagiers sur le marché linguistique.

2.1.4 La variation spatiale ou diatopique

La diatopie est la variabilité de la langue du point de vue spatial ou géographique : la langue change d'un clocher à un autre, ou d'une région à une autre, voire d'un pays à un autre dans le cas d'une langue à diffusion internationale comme l'anglais, le français, l'espagnol, l'arabe ou le portugais.

Eu égard à la longue tradition centralisatrice, aussi bien politique que linguistique, qui caractérise les différents régimes qui se succèdent en France depuis plus de quatre siècles, le français est une langue beaucoup plus standardisée que l'italien, l'Italie en tant que Nation ayant connu une unité politique et linguistique bien plus tardive. Ce processus explique pourquoi, aujourd'hui, les manifestations de la diatopie à l'intérieur de l'Hexagone se trouvent réduites *grosso modo* à une simple opposition phonique nord/sud, à l'exception d'un troisième pôle moins étendu caractérisé par l'accent alsacien (Gadet 2007 : 70–71).

Outre cette dimension phonologique, on trouve en Wallonie et en Suisse romande un nombre important de diatopismes lexicaux – régionalismes, belgicismes ou helvétismes. Par exemple, une « personne qui fait la navette » en France est appelée un « navetteur » en Belgique ou un « pendulaire » en Suisse romande. De la même manière, l'usage de « septante » ou de « nonante » s'est largement maintenu en Suisse et en Belgique ainsi que, dans une moindre mesure, dans certaines aires de l'Est de la France.

La diatopie est intimement liée aux deux axes de la diaphasie et de la diastratie : ainsi, plus on s'élève dans la hiérarchie des usages et plus les marques régionales tendent à être gommées, même si cela est moins vrai en Wallonie, en Suisse romande et plus encore au Québec où une norme légitime de français québécois standard en situation formelle a peu à peu vu le jour au cours des cinquante dernières années – voir plus avant les parties consacrées aux langues en Belgique et en Suisse.

Pour une illustration de nombreux phénomènes liés à la diatopie, cartes à l'appui, on renvoie au blogue du linguiste Mathieu Avanzi (Université de Neuchâtel) : https://francaisdenosregions.com/

2.1.5 La variation écrit / oral ou variation diamésique

La diamésie désigne la variation de la langue selon le canal de communication, oral ou écrit. Si la langue écrite est davantage standardisée du fait de la pression des normes prescriptives promues par les ouvrages de référence, les réalisations de la langue orale sont plus sujettes à variation, en fonction des interlocuteurs et de la situation de communication. Dans le cas du français, l'oral présente un certain nombre de caractéristiques – y compris au niveau morphosyntaxique – dont la fréquence est directement corrélée au diaphasique (Benvéniste 2005 : 47). Cette importance de la diaphasie est bien illustrée par les nombreuses restrictions dont le « ne » de négation fait l'objet à l'oral, restrictions qui sont attestées dans la langue formelle même (Berit Hansen & Malderez 2004). En fait, l'emploi de cette particule négative s'accroît à mesure que diminue la dimension proprement dialogale des interactions orales au profit d'un style monologal, plus proche des normes de l'écrit, comme c'est le cas par exemple dans les discours destinés à un public « passif » en contextes formels, comme lors de la tenue de conférences.

Parmi les usages les plus caractéristiques de l'oral, on citera l'utilisation du verbe « aller » en auxiliaire de futur, la réduction des usages du pronom relatif « dont » au profit du « que », l'emploi du « on » impersonnel en concurrence avec celui du « nous » pluriel ou encore le redoublement et la dislocation du sujet.

Enfin, il faut souligner l'influence des nouvelles technologies dans l'émergence de formes linguistiques hybrides entre l'oral et l'écrit qui modifient les paramètres de communication au sens large et nuancent la traditionnelle dichotomie « écrit/oral » (Gadet 2007 : 134), au point qu'on parle parfois d'écrit oralisé ou de « parlécrit », pour reprendre le terme de Jacques Anis (cité dans Daugmaudytė, Kédikayté 2006 : 39).

2.2 La dénomination des phénomènes langagiers

Dans l'imaginaire collectif, les personnes du Midi de la France parlent avec un *accent* souvent assimilé, par réduction, à celui de Marseille. Cet accent « du sud » est opposé à un français perçu comme non marqué, c'est-à-dire géographiquement neutre. Fréquemment associé à l'idée de musicalité de la langue – accent chantant, guttural ou mélodieux – l'accent ne se limite pourtant pas à de simples traits phoniques ou prosodiques. En tant qu'il agit sur la perception des locuteurs et de leur manière de s'exprimer, l'accent doit avant tout être observé comme un phénomène social relevant notamment des représentations linguistiques.

En réalité, nombre de concepts que le bon sens commun pose comme des phénomènes de nature strictement linguistiques se révèlent souvent, comme on va le voir, tenir davantage du social. Si le langage est la faculté de l'être humain d'élaborer et d'utiliser des langues ou des codes linguistiques pour communiquer avec ses pairs, qu'est-ce qui en revanche différencie la *langue* d'un *dialecte* ou encore d'un *patois*, si ce n'est le regard que les locuteurs portent sur ces différents codes linguistiques ? Car au-delà de la simple description des faits linguistiques, nombreux sont les phénomènes langagiers qu'il est nécessaire de définir en relation à leur fonction identitaire et intégrative (*argot*, *verlan*) et à leur rôle dans la communication (*koinè*, *vernaculaire* vs *véhiculaire*), les deux aspects étant d'ailleurs intimement liés.

2.2.1 Accent

Dans le Dictionnaire de la Sociolinguistique, numéro hors série de la revue « Langage et Société », Candéa (2021 : 19) définit ainsi l'accent comme un ensemble de traits de prononciation qui affectent les voyelles, les consonnes ou la prosodie, et qui permettent d'identifier le profil de la personne qui les emploie. Il peut s'agir d'identifier ainsi, sur la base de leur prononciation, des personnes ayant acquis une langue dans une région par rapport à une autre région ; ou bien des personnes ayant appris tardivement une langue par rapport à des personnes socialisées dans cette langue dès leur enfance ; ou encore des personnes affiliées à un groupe social par rapport à un autre groupe social.

Au-delà de traits strictement linguistiques, l'accent est donc bel et bien un phénomène social qui renvoie plus souvent à la perception d'autrui que de soi-même. Aussi est-il possible d'apprécier l'accent en tant que marqueur de xénité – avec tout son corollaire de jugements de valeur et de stéréotypisation – par opposition à la communauté linguistique de celui qui le perçoit.

Or, lorsque les locuteurs utilisent la notion d'accent pour identifier l'autre, l'Alter, ils indiquent non seulement une variabilité des usages langagiers – le plus souvent du point de vue diatopique – mais aussi une hiérarchie entre ces différents usages, et par là même une hiérarchie entre les différentes identités (Gasquet-Cyrus 2010 : 183–185). Comme l'a synthétisé Larrivée (2009 : 84), *l'accent est la dénomination privilégiée de l'altérité linguistique [...] c'est la pratique de l'autre qui est désignée comme ayant un accent*, qui la différencie de nos propres usages. Il existe différentes variétés de la langue, et celles qui sont dominées sont également celles que l'on va indiquer comme porteuses d'accent.

Ce point de vue est parfaitement adéquat dans le cas du français, puisque la langue standard, celle qui s'élabore sur le modèle de la langue écrite promue par l'institution scolaire, est une langue tendant à évacuer les origines géographiques et sociales des locuteurs tout en niant la légitimité des structures les plus caractéristiques de la langue orale (Gadet 2007 : 114). En revanche, ce même point de vue est moins adapté à une langue comme l'italien où la dimension diatopique est omniprésente (Berruto 2002 : 20–29), y compris au sommet de la hiérarchie des usages, au point que la provenance géographique d'un locuteur, du moins sa macro-aire d'origine, est toujours plus ou moins identifiable (Lo Duca 2003 : 128–129).

A noter enfin que pour les locuteurs français, l'accent relève exclusivement du phonique (phonologique et prosodique) alors qu'en Italie, la notion d'accent s'étend au lexique et à la morphosyntaxe : par conséquent, les manifestations de la variation diatopique y sont susceptibles d'être étiquetés indifféremment comme *parlare il dialetto* ou *parlare con l'accento*.

2.2.2 Argot

Les argots sont des formes de langage cryptiques propres de groupes sociaux plus ou moins larges et ayant fonction identitaire, de connivence et de renforcement de la cohésion du groupe, en jouant sur l'exclusion des autres locuteurs non-membres – comme les forces de l'ordre dans le cas des argots de la petite délinquance. Ce type de langage n'est pas propre au français et existe dans toutes les langues :

> toute société humaine fonctionne avec des interdits, des tabous, entre autres, d'ordre social, politique, religieux, moral, qui sont véhiculés par la (ou les) forme(s) légitimée(s) de la langue. Comment peut-il être dès lors imaginé une société au sein de laquelle aucune personne, aucun groupe ne chercherait à se doter de moyens pour contourner ces interdits et ces tabous, ne serait-ce que par transgression langagière ? De telles pratiques sociales et langagières constituent les foyers les plus actifs nécessaires à l'émergence de formes argotiques, qui sont elles-mêmes autant de preuves des stratégies d'évitement, de contournement des interdits et tabous sociaux mises en œuvre par les locuteurs, les groupes de locuteurs qui produisent de telles formes. Une contre-légitimité linguistique peut ainsi s'établir (Goudailler 2002 : 5).

L'argot doit donc être conçu comme un phénomène lié à la diastratie, dans la mesure où il tend à apparaitre au sein des classes populaires ou défavorisées, ce qui le différencie de la notion de jargon qui renvoie davantage à des groupes professionnels – jargon des médecins, des journalistes, des informaticiens, des juristes.

Les argots sont caractérisés par une grande activité de création lexicale, précisément pour répondre à leur fonction cryptique. En français, on note parmi les procédés de création lexicale le largonji, déplacement de la consonne initiale à la fin du mot – « jargon / largonji » – ou le verlan, inversement des syllabes d'un mot – « verlan / l'envers ».

Le cas du verlan est particulier, puisque s'il est possible de l'appréhender dans une perspective restrictive et strictement linguistique, en y voyant un simple procédé de création lexicale, il est également considéré, eu égard à la portée sociale du phénomène, à l'instar d'un argot ou sociolecte (Lepoutre 1997 : 120–121).

On constate que le verlan est surtout utilisé par les jeunes des milieux populaires urbains des années 80 aux années 2000, bien que son emploi soit attesté depuis très longtemps déjà, notamment dans le français populaire de la région parisienne – pour quelques données historiques synthétiques voir Bagheri (2009 : 5–7). On peut citer à titre d'exemple la chanson *Laisse béton* du chanteur Renaud sortie en 1977, pour « Laisse tomber », alors que l'idée de banlieue est très différente à l'époque de celle qu'elle est aujourd'hui.

Comme tous les argots, le verlan est employé à l'origine par les milieux de la petite délinquance et revêt une fonction cryptique. Cette fonction première tend toutefois à diminuer au fur et à mesure que le verlan sort de ses cercles sociaux d'origine pour se diffuser toujours plus auprès de la jeunesse urbaine et dans certaines formes d'expressions artistiques comme la musique et le cinéma.

Le procédé de création lexicale à la base du verlan est un procédé d'inversion des syllabes, d'où le nom à « l'envers » qui donne « verlan ».

Par exemple, on peut avoir :

« meuf/femme » ; « céfran/français » ; « kebla/black » (de l'anglais noir) ou « renoi/noir » ; « babtou/toubab » emprunté au wolof qui signifie « personne blanche » ; « relou/lourd ».

Ce procédé n'est pas exclusif du français, il est également utilisé dans d'autres langues comme avec le *vesre* dans l'espagnol argentin, uruguayen et péruvien (Grégoire 2012).

2.2.3 Dialecte

On attribue au linguiste Max Weinreich l'affirmation suivante : *une langue est un dialecte avec une armée et une flotte*. Cette formule a le mérite de souligner que la distinction entre langue et dialecte est l'expression d'un rapport de force, ce qui revient à reconnaitre qu'elle s'établit sur la base de critères sociaux et non linguistiques. Le terme désigne un parler ou une variété qui a une parenté avec une autre variété plus prestigieuse ayant accédé au statut de langue – les dialectes d'oïl vis-à-vis du français ou les dialectes du groupe tosco-émilien dont l'italien contemporain est issu – ou bien avec un groupe d'autres dialectes apparentés entre eux – on parle des dialectes d'oc ou du domaine occitan, ou des dialectes de l'Italie méridionale.

En revanche, les parlers non apparentés au français sont davantage perçus comme des langues régionales (alsacien, basque, breton, catalan, corse, etc.). L'occitan et le provençal seront perçus comme des langues ou des dialectes selon que l'on mettra en avant l'unicité ou au contraire la parcellisation des parlers qui les composent.

On notera qu'en domaine francophone, le terme est avant tout appréhendé dans sa dimension spatiale, alors que pour la dialectologie et la sociolinguistique anglo-saxonne, il est aussi employé pour décrire le phénomène de la variation sociale (*social dialect* pour sociolecte). En France, dans le langage non scientifique, il a une connotation dépréciative reflétant la stigmatisation dont font l'objet les parlers régionaux, alors qu'en Italie, tant les linguistiques que les non spécialistes utilisent le mot dialecte dans le même sens que langue régionale et sans nécessairement lui conférer une connotation négative.

2.2.4 Koinè

On entend généralement par « koinè » une langue ou une forme dialectale susceptible d'être utilisée dans la communication entre des communautés sociales différentes, en se juxtaposant aux langues ou dialectes de chacune de celles-ci. La koinè peut s'être formée naturellement autour d'un grand centre urbain à partir de la diffusion d'une variété orale de la langue mais peut aussi être le résultat d'une politique de standardisation et d'unification linguistique (Lodge 2002 : 25–26).

Dans le cas du français, l'urbanisation rapide de Paris dans les derniers siècles du Moyen âge crée un déséquilibre démographique et économique aux dépens des autres grandes villes du nord, enclenchant un processus de koinéisation. Cette dynamique permet le développement, à partir de la capitale, d'une variété parlée – la majorité de la population n'est pas alphabétisée – qui prend une dimension supra-régionale dans le nord de la France, alors que le processus de standardisation et de codification écrite de la langue advient plus tardivement.

En italien en revanche, le processus de standardisation débute à la Renaissance, bien avant l'Unité et la naissance de l'État italien, ce qui favorisera le maintien de koinè régionales – autour de métropoles régionales – jusqu'à la réalisation de l'unification linguistique au XXème siècle qui accompagne la diffusion de la scolarisation, et donc de la langue écrite.

De manière générale en Europe, la plupart des langues ont revêtu ou revête la fonction de koinè dès lors qu'elles sont utilisées entre populations de régions différentes dotées chacune d'une langue propre.

2.2.5 Patois

Le patois est un terme de sens commun, non scientifique, parfois utilisé comme synonyme de dialecte pour indiquer des parlers d'extension locale, le dialecte recouvrant une aire plus vaste. Dans l'imaginaire collectif, l'emploi du mot est chargé d'une connotation péjorative, puisque l'usage du patois, dépourvu d'un standard écrit, est limité à la sphère de l'oralité en milieu rural. Cette dépréciation d'un parler se retrouve également en Amérique du Nord, où le français pratiqué par les Franco-Canadiens a longtemps été affublé de l'appellation *French Canadian Patois* par les anglophones.

De fait, le patois est généralement opposé à la langue, dotée d'une norme codifiée à l'écrit et de tous les attributs de prestige afférents, au premier rang desquels une grammaire et une littérature.

A titre d'exemple, on peut citer le cas du Vallée d'Aoste : la région est officiellement bilingue français-italien, alors que plus la moitié de la population déclarait en 2001 le francoprovençal comme langue maternelle et qu'environ 15 % des Valdotains affirmaient utiliser cette langue, tant dans la communication intra-familiale que dans l'espace social. Or, non seulement le francoprovençal ne jouit d'aucune reconnaissance institutionnelle, mais ses locuteurs sont les premiers à tenir des discours épilinguistiques dans lesquels ils le définissent comme étant un patois, par opposition aux deux langues que sont l'italien et le français (Cavalli 2003 : 191–193).

A l'inverse, plusieurs parlers régionaux oïliques et francoprovençaux ont obtenu une reconnaissance récente par la Suisse (2018), si bien que du statut de patois, ces parlers sont désormais reconnus respectivement comme Jurassien et Francoprovençal.

2.2.6 Véhiculaire, vernaculaire

Un véhiculaire est une langue utilisée comme moyen de communication entre individus ou populations ayant en usage des langues différentes. Par exemple, le wolof au Sénégal est le véhiculaire le plus répandu : langue maternelle d'un quart des habitants, il est toutefois utilisé par environ plus de trois individus sur quatre à l'échelle nationale. De même, le français est lui-même un véhiculaire en Afrique, surtout dans les régions et pays où aucun idiome local n'est disponible pour remplir cette fonction communicative.

En revanche, un vernaculaire est une langue utilisée dans les interactions sociales quotidiennes à l'intérieur d'une communauté linguistique. Si cette langue a une diffusion limitée à l'échelle régionale et qu'elle n'a pas fait l'objet d'un travail de description et de normalisation du point de vue linguistique, elle est parfois stigmatisée et étiquetée comme « dialecte » ou « patois ».

2.3 Le regard social sur les langues

Toutes les langues, toutes les manières de parler ne se valent pas, certaines étant, aux yeux des locuteurs ou de la communauté sociale, plus prestigieuses que d'autres qui se voient à l'opposé dévalorisées ou discriminées. Dans tous les cas, le regard posé par le social n'est pas neutre, puisqu'il véhicule l'idée d'une hiérarchisation des usages langagiers reflétant la complexité des rapports sociaux. Cette hiérarchisation est d'autant plus en mesure d'influencer les comportements langagiers des individus qu'elle aura été intériorisée par ceux-ci. Ce sont donc les notions relatives à ce regard du social sur la langue que l'on détaille dans cette partie.

2.3.1 Epilinguistique (discours)

Le concept d'épilinguistique s'étend à tout discours à visée « non scientifique » tenu par un locuteur à propos de la langue. On oppose généralement les discours épilinguistiques aux discours des linguistes ou des grammairiens, la dimension épilinguistique permettant de s'approcher des représentations sociales en ce qu'elles sont susceptibles d'exprimer des stéréotypes ou des jugements de valeur subjectifs relatifs à l'objet-langue.

> On a l'habitude dans la linguistique française de distinguer l'épilinguistique et le métalinguistique par l'opposition entre un discours sur la langue (métalangue) à caractère prescriptif non-théorisé (épilinguistique) du type jugement esthétique ou correctif sur les énoncés produits dans telle ou telle

Le regard social sur les langues

langue, et un discours sur la langue à caractère descriptif (pouvant être en même temps prescriptif mais théorisé) (Baggioni 1996 : 18–19).

A noter que certains, à la suite de Canut (2007), remettent en cause cette dichotomie et incluent le métalinguistique à l'intérieur de l'épilinguistique. Le discours des grammairiens ne serait en effet un discours objectivant et désubjectivisé qu'en apparence, légitimé par la position d'autorité engendrée par le pouvoir scientifique et diffusé par les ouvrages prescriptifs et l'institution scolaire – les enseignants *in primis*. Le but poursuivi ne serait ainsi que de poursuivre le travail d'homogénéisation, d'uniformisation et de catégorisation de la langue et en particulier de ses usages – et par conséquent de ses usagers.

2.3.2 Habitus linguistique

L'habitus est, en sociologie, l'ensemble des dispositions sociales qui s'imposent à l'individu et qui en déterminent les comportements, les habitudes et les attitudes. Ces dispositions diffèrent en fonction du type de socialisation, c'est-à-dire du vécu social, lui-même dicté par le milieu d'appartenance. A la suite de Bourdieu, la notion d'habitus est susceptible d'être utilisée à propos de la langue :

> L'habitus linguistique est un sous-ensemble des dispositions constitutives des habitus : il s'agit de ce sous-ensemble acquis au cours des processus d'apprentissage de la langue dans des contextes particuliers (la famille, les pairs, l'école, etc.). Ces dispositions régissent à la fois les pratiques linguistiques propres à un agent et l'anticipation de la valeur que recevront les produits linguistiques dans d'autres champs ou marchés – dans le marché du travail, par exemple, ou dans les institutions d'enseignement secondaire ou supérieur (Bourdieu 1982 : 31).

2.3.3 Idéologie(s) linguistique(s)

L'idéologie est, à l'instar des représentations sociales, un ensemble d'interprétations du monde et de la réalité, sans pour autant nécessairement correspondre à cette même réalité. Il s'agit en fait de :

> conceptions du monde [qui] constituent une illusion, on admet qu'elles font allusion à la réalité, et qu'il suffit de les « interpréter » pour retrouver, sous leur représentation imaginaire du monde, la réalité même de ce monde (idéologie = illusion/allusion) (Althusser 1970 : 39).

L'idéologie linguistique diffère cependant des représentations en cela qu'elle conditionne les attitudes et les jugements des individus composant l'imaginaire collectif, notamment à travers l'activité de groupes préposés – en particulier le corps enseignant – chargés de défendre et de diffuser la doctrine d'une instance sociale précise, l'institution scolaire (Moliner 1996 : 45–48).

Qu'il s'agisse d'idéologie de l'unilinguisme (Boyer 2001), d'*ideology of standardization* (Milroy & Milroy 1985 : 80–82), d'idéologie de la langue unique (Laroussi 2003 : 145), voire d'idéologie des langues hégémoniques ou d'idéologie ethnolinguistique (Riley 2012 : 59–60), on pourra cependant noter que dans leur grande majorité, ces travaux gravitent autour de thèmes que l'on pourrait réduire à la dichotomie « unité (supposée de la langue) *vs* diversité (des pratiques langagières) » (Merlo 2018 : 60).

Le français, comme la plupart des langues européennes devenues langues nationales, s'est diffusé aux dépens d'autres langues ou variétés au moyen d'un long processus à la fois de centralisation politique et de standardisation linguistique. Dès le début, mais surtout à partir de la Révolution française, ce processus contribue à l'élaboration constante de discours de légitimation visant à justifier la domination et la supériorité d'une variété sur toutes les autres (Blanchet 2013 : 97–101). De fait, c'est parallèlement à l'affirmation du modèle de l'État Nation au XIXème siècle que se développe ce type d'idéologie linguistique, contribuant à diffuser et à imposer l'équation « une culture = une langue = une Nation » (Gal & Irvine 1995 : 968).

L'un des buts premiers de l'idéologie linguistique est donc de légitimer la supériorité d'une variété de langue – celle qui va servir d'étalon à la norme standard promue par l'institution scolaire – sur toutes les autres :

> Le propre de l'idéologie du standard est d'inciter les membres de la communauté à considérer la forme standard comme illustrant la langue. Ainsi, on a grand mal à parler des autres formes si ce n'est en des termes dévaluatifs : « incorrect », « vulgaire », « faux », « pas beau », « pas français », etc. Cette conception hypervalorisante de la forme standard confère à celle-ci un caractère monopoliste en reconnaissant sa validité quels que soient les paramètres situationnels contraignant les locuteurs (Bellonie & Guérin 2010 : 99).

On sait qu'en France s'affirme dès le XVIIème siècle – en témoignent les travaux des grammairiens et de l'Académie française – une représentation élitiste de la langue caractérisée par une obsession puriste du *Bon Usage* et illustrée dans les manuels et les ouvrages normatifs. Cette représentation de la langue impose la recherche d'une standardisation homogénéisante par condamnation de l'hétérogénéité, et favorise l'émergence d'un imaginaire – le purisme – qui finit par s'imposer avec la Révolution. La langue est vue en termes d'unicité, et toute variation stigmatisée est renvoyée en périphérie de la langue.

Cette dichotomie « unicité (de l'écrit) *vs* pluralité (de l'oralité) », ou « normes prescriptives (grammaires mono-normatives) *vs* normes descriptives (usages réels attestés) » conduit à la diffusion au sein des représentations sociales d'un fantasme monolingue (Canut 2001) que l'enseignant, par rôle et par statut, contribue à reproduire et à répandre (Blanchet 2013 ; Spolsky 2009 : 92).

En effet, l'institution scolaire base l'enseignement de la langue sur la prédominance de l'écrit sur l'oral et sur une approche mono-normative. Dans cette perspective, non seulement la pluralité des usages est ignorée ou condamnée, mais la grammaire devient également un instrument d'hégémonie sociale en promouvant une seule variété de langue, celle qui correspond à la variété socialement valorisée (Hymes 1991 : 52).

2.3.4 Insécurité linguistique

On parle d'insécurité linguistique pour indiquer un sentiment d'inconfort ou de malaise vécu par les locuteurs appartenant à une communauté linguistique (sociale et/ou géographique) « périphérique », c'est-à-dire dont les pratiques linguistiques diffèrent de la norme de référence, dotée de davantage de prestige et de légitimité sur le marché linguistique. En d'autres termes, la langue utilisée au quotidien, dotée d'une valeur identitaire individuelle et/ou collective, se voit en même temps dévalorisée car dotée d'une valeur symbolique inférieure à une autre variété de langue exogène – par rapport au groupe social d'appartenance – et considérée comme un modèle « supérieur » au point d'être perçu comme l'étalon de la bonne langue.

Du point de vue géographique, et au risque de généraliser à l'excès, on peut considérer que tous les francophones sont susceptibles de se retrouver en situation d'insécurité linguistique. En effet, le français est une langue particulièrement monocentrique, où les régionalismes (ou les diatopismes) sont perçus comme des déviations par rapport à la norme de référence, y compris au sein de leurs aires d'origine. Ainsi, certains auteurs ont pu parler de la francophonie dans son ensemble comme d'un espace d'insécurité linguistique en français (Fioux & Robillard 1996 : 181), d'intensité variable selon les régions mais dont les modalités restent identiques (Francard 1993 : 63–66) :

1. sujétion linguistique à l'égard du centre supposé de la langue (Paris, la France) ;
2. autodépréciation des propres pratiques langagières ;
3. discours de compensation conscient pour revaloriser ses propres pratiques en moquant l'usage français ;
4. pessimisme diffus quant à l'avenir du français, doublement menacé tant de l'extérieur (souvent par l'anglais) que de l'intérieur (prétendue diminution de la qualité de la langue contemporaine par rapport au passé).

L'hypercorrection est l'un des symptômes les plus caractéristiques de l'insécurité linguistique. Concrètement, il s'agit de la tendance à commettre des erreurs de type phonique et/ou morphosyntaxique à l'oral, par excès de correction. Ce type de comportement trahit à la fois la crainte de mal s'exprimer et l'idée que l'on se fait de la forme de langue de prestige à imiter.

Parmi les types d'erreurs les plus caractéristiques en français, on peut citer l'emploi abusif de subjonctifs, ou encore de liaisons erratiques, ou liaisons sans enchainement, comme cela a été documenté dans les discours des hommes politiques par Encrevé (1983). A titre d'exemple, ces liaisons erratiques apparaissent (1) par prononciation de consonnes de liaisons dans des contextes où il ne devrait pas y en avoir, (2) par substitution de consonne, ou encore (3) par ajout inapproprié d'un son – ou épenthèse (Wauquier-Gravelines 2010 : 133) :

(1) « Un plat (**t**) italien » ;
(2) « Il a besoin de beaucoup (**t**) étudier ».
(3) « Il va (**t**) à la mer » ; ou cet énoncé que l'on prête à Jacques Chirac « une rumeur fantaisiste sur une grave maladie qui m'aurait atteint(**e**) » (source : publicsénat.fr).

2.3.5 Marché linguistique

Toutes les langues ne se valent pas, certaines jouissant d'un prestige et d'une valeur socio-économique ou culturelle supérieurs à d'autres : par exemple à l'ONU, même si l'anglais et le français sont tous deux langues officielles de l'organisation, le premier est bien davantage utilisé et a un poids supérieur au second, lui-même plus important que l'italien qui n'est doté d'aucun statut officiel. De la même manière pour accéder à un emploi en France, l'anglais ou l'italien sont des langues étrangères dont la valeur est supérieure à celle de langues immigrées telles que l'arabe maghrébin ou de langues régionales comme l'occitan.

Plus en général, tout code linguistique est doté de valeur : les langues, mais aussi les variétés – régionales ou sociales – d'un même idiome ou encore les registres sont dotés d'une valeur propre :

> La valeur sociale des différents codes linguistiques disponibles dans une société donnée à un moment donné du temps (c'est-à-dire leur rentabilité économique et symbolique), dépend toujours de la distance qui les sépare de la norme linguistique que l'Ecole parvient à imposer dans la définition des critères socialement reconnus de la « correction » linguistique (Bourdieu & Passeron 1970 : 144).

Le marché linguistique est donc le marché social sur lequel les différents codes linguistiques en co-présence sont en compétition du fait des différences de fonction et de prestige, et par conséquent de valeur, résultant des dynamiques sociales et des hiérarchies afférentes.

A l'affirmation de Bourdieu et Passeron, on ajoutera que la valeur d'un code linguistique est susceptible de varier sur des marchés plus restreints comme le quartier, le village ou la famille, notamment en relation à leur valeur identitaire au groupe ou sous-groupe social d'appartenance.

2.3.6 Représentations linguistiques

Tributaire des travaux de la psychologie sociale dans le sillage de Moscovici (1961), la notion de représentations sociales se réfère à :

> une forme de connaissance socialement élaborée et partagée ayant une visée pratique et concourant à la construction d'une réalité commune à un ensemble social (Jodelet 1989 : 36).

Dans cette perspective, les représentations linguistiques se conçoivent comme des représentations sociales portant sur les pratiques langagières (Petitjean 2011 : 147).

Cette activité collective d'interprétation de la réalité, qui régit notre rapport au monde et à autrui, est susceptible de laisser des traces aussi bien dans les discours, notamment en interaction, que dans les pratiques (Matthey 2000 : 22). La signification que l'on donne aux représentations dépend toutefois de plusieurs éléments contextuels (Abric 2011 : 19–20), tels que le contexte discursif d'abord, c'est-à-dire les conditions de production du discours – qui dit quoi, comment, et à qui ? – et le contexte social ensuite, c'est-à-dire la position du locuteur ou du groupe concerné dans le système social et le contexte idéologique environnant.

Toutefois, si pendant longtemps, les notions d'attitudes et de représentations ont été confuses, on s'accorde aujourd'hui à considérer les attitudes linguistiques comme des prédispositions latentes, pré-discursives, à émettre des jugements évaluatifs sur un objet ou une classe d'objets, aussi bien sur la base d'informations objectives que de préjugés (Billiez & Millet 2013 : 36–37 ; Castellotti & Moore 2002 : 7). Cette dernière distinction n'est pas sans conséquences au niveau méthodologique, le recueil de discours – entretiens, questions ouvertes – permettant d'enquêter davantage en direction des représentations, alors que le questionnaire – questions fermées ou à choix multiples – renvoie aux attitudes et aux stéréotypes.

2.3.7 Technique du locuteur masqué

Il s'agit d'une technique d'enquête mise au point par le sociolinguiste Wallace Lambert et expérimentée à l'orée des années 1960, notamment à Montréal, permettant de sonder les représentations linguistiques des individus.

Dans sa version originelle, la technique consiste à faire entendre aux enquêtés des enregistrements de locuteurs bilingues lisant un même texte dans les deux langues, en laissant croire qu'il s'agit de locuteurs différents, et en demandant enfin « d'évaluer » ces locuteurs à l'aide d'échelles sémantiques différentielles – ou échelles d'Osgood.

L'enquête de Lambert à Montréal est pour ainsi dire précurseure, dans la mesure où il s'agit de l'une des toutes premières enquêtes de la sociolinguistique moderne, à une époque où cette discipline en tant que telle n'existe pas encore. Par la suite, de nombreuses autres techniques seront empruntées aux méthodes d'enquête de la psychologie sociale et de la sociologie.

3
Décrire les usages langagiers

Qu'est-ce qu'un individu, ou une société, bilingue ? Et le plurilinguisme se réduit-il à la simple somme de plusieurs codes linguistiques ? Et ces mêmes codes linguistiques, se valent-ils tous de la même manière ? Et encore, quel regard le social et les individus portent-ils sur la langue et les différents usages langagiers ? Et enfin, peut-on vraiment imaginer d'agir, de légiférer sur la langue, voire de modeler celle-ci et de la transformer délibérément ?

Ces quelques interrogations rappellent combien il n'est parfois guère aisé de décrire efficacement et de façon précise la multiplicité des réalités langagières. Dans ce chapitre, on s'attachera donc à proposer un certain nombre de concepts essentiels pour mieux décrire les usages langagiers, en partant d'une simple réflexion sur l'idée de langue maternelle pour arriver en conclusion à comprendre pourquoi et comment la société peut choisir d'intervenir directement sur la langue.

3.1 Répertoires individuels et sociaux

Canut (2007 : 107–109) a bien montré l'évolution du concept de langue maternelle, conçue comme véhiculaire de la mère dans l'Antiquité : la *lingua nutrix* orale est alors opposée à la *paterna lingua*, langue masculine du prestige et de l'érudition écrite. Ce n'est que progressivement, à partir de la Renaissance, que la langue maternelle se voit associée à un territoire ou une Nation, à des frontières géographiques et linguistiques d'autant plus circonscrites que la langue devient un objet homogène. Or, comment nommer la première langue transmise à un individu et, partant de là, les autres langues que celui-ci est susceptible de connaître sa vie durant ? Comment identifier et nommer le plus objectivement possible une langue, en se gardant de conférer toute dimension idéologique à ce processus de dénomination ?

La partie qui suit s'attache donc à définir les termes qui permettent de décrire avec une certaine précision le répertoire linguistique d'une communauté sociale, ainsi que les relations qu'entretiennent en son sein les différents codes le composant, ces derniers différant toujours en termes de valeur et de prestige.

3.1.1 Bilinguisme

Chez un individu, le bilinguisme est la capacité d'utiliser deux langues pour satisfaire à ses besoins sociaux. La compétence dans chacune des langues n'est pas nécessairement identique – cela est même rarement le cas – et dépend de nombreux facteurs tels que le contexte socioculturel et les modalités d'acquisition de chacune des langues comme l'âge de l'acquisition des deux langues, l'utilisation en famille, à l'école ou dans la rue, ou encore le positionnement de ces langues sur le marché linguistique.

Dans une société, il s'agit de la coexistence de deux langues, parfois juxtaposées au sein d'une même aire géographique, parfois territorialement séparées. Par exemple, Bruxelles et Montréal sont des villes bilingues ; la Belgique est un État plurilingue dont les deux principales régions sont en revanche monolingues – Wallonie francophone et Flandre néerlandophone. La Suisse est également un État plurilingue composé de cantons monolingues, bilingues ou plurilingues.

Dans le cas d'une société bilingue, les variables sociolinguistiques – poids démographique, économique, socioculturel – ne sont jamais parfaitement identiques pour les deux langues en co-présence, l'une des deux jouissant, de façon plus ou moins marquée, d'un prestige supérieur à l'autre. Dans cette perspective, il est donc possible de considérer qu'au sein d'une société bilingue – ou plurilingue – les individus se retrouvent toujours en situation de diglossie, le choix d'un code linguistique plutôt que d'un autre jouant un rôle dans la perception du message de la part des interlocuteurs.

3.1.2 Capital linguistique

Le capital linguistique d'un individu – ou d'un groupe – est déterminé par la valeur de son répertoire, c'est-à-dire à la fois par le positionnement de ses propres usages langagiers dans la hiérarchie des usages en cours dans l'espace social et par sa maitrise des codes dominants dotés d'une plus grande légitimité et prestige.

L'origine sociale et familiale des individus est déterminante dans l'attribution du capital linguistique, notamment en ce qu'elle influence leur réussite scolaire : plus haut sera le niveau social et plus grande sera l'aptitude au déchiffrement et à la manipulation de la complexité des différents codes et registres de la langue (Bourdieu & Passeron 1970 : 92–93) :

> la valeur sur le marché scolaire du capital linguistique dont dispose chaque individu est fonction de la distance entre le type de maitrise symbolique exigé par l'Ecole et la maitrise pratique du langage qu'il doit à sa prime éducation de classe (*ibid.* 145).

3.1.3 Compétences actives, passives, intercompréhension

Dans l'optique de l'apprentissage ou de la maitrise d'une langue, les compétences passives, ou compétences de réception, concernent les capacités de compréhension, c'est-à-dire d'élaboration et de traitement des messages, quel que soit le canal, écrit ou oral, utilisé. Par antinomie, les compétences actives concernent la capacité d'émettre, et donc de produire, des messages aussi bien oraux qu'écrits.

Signalons que tout individu nait d'abord comme auditeur avant de devenir locuteur : les compétences de réception d'un individu sont par conséquent toujours plus étendues que ses compétences actives. Ainsi, on comprend toujours beaucoup plus de registres de langues que ce qu'on est capable d'utiliser réellement, ce qui implique par conséquent que tout individu est doté d'une prédisposition naturelle au plurilinguisme du point de vue des compétences passives (Encrevé 1977 : 7–8).

C'est précisément cette prédisposition à la compréhension qui est à la base des recherches sur l'intercompréhension entre locuteurs ne parlant pas la langue de leur(s) interlocuteur(s). On peut citer à titre d'exemple les méthodes relatives à l'intercompréhension entre langues romanes (Tost Planet 2005 : 16–22) : partant du constat que l'énergie et le temps dédiés à l'apprentissage traditionnel d'une langue – incluant le développement des compétences actives en production écrite et orale – pourraient être employés pour sensibiliser simultanément aux similitudes et aux régularités de plusieurs langues romanes – portugais, espagnol, roumain, catalan, etc. – on vise à former des individus natifs d'une langue romane capables de comprendre des locuteurs d'autres langues issues de la même famille linguistique – ici les langues descendant du latin.

3.1.4 Continuum

A l'origine, le terme semble avoir été utilisé dans les études créoles pour décrire la coexistence de deux langues dans le répertoire d'une communauté, l'une ayant davantage de prestige que l'autre. Dans le domaine francophone, on doit à Carayol & Chaudenson (1978 : 182) d'avoir tenté de préciser davantage le terme, le *continuum* se présentant comme *un « dia-système » bipolaire allant d'un « acrolecte » caractérisé par des formes socialement valorisées à un « basilecte » correspondant à l'état de langue dévalorisé socialement.*

En d'autres termes, le *continuum* est l'espace de variation d'une langue ou d'un répertoire linguistique, au sein duquel les différentes variétés ne sont pas rigidement séparées les unes des autres mais au contraire dont les usages se chevauchent partiellement. On peut donc observer à chaque pôle du *continuum* deux variétés ou deux dialectes d'une même langue ou bien deux langues différentes.

Cette conception peut toutefois être nuancée si l'on considère que chaque variété se voyant attribué une fonction communicative spécifique – c'est-à-dire qu'elle est employée dans une situation ou un contexte précis – il est possible d'envisager le *continuum* comme un répertoire composé de différents registres :

> dans une communauté linguistique donnée, deux variétés sont combinées selon le modèle de la variation registrale, si bien qu'une variété correspond au prototype du registre de proximité et à ses fonctions, et que l'autre correspond au registre de distance, avec ses fonctions (Haas *et als.* 2020 : 108).

En d'autres termes, la notion de *continuum* peut s'appliquer non seulement à des situations où une communauté recourt à plusieurs langues ou variétés d'une langue pour satisfaire à l'ensemble de ses besoins communicatifs, mais également à une communauté « monolingue » puisque toute langue est toujours soumise à variation registrale.

Dernière précision enfin, si un *continuum* peut être vertical, lorsqu'un pôle est représenté par une variété de prestige et l'autre par une variété vernaculaire socialement marquée, il peut également être horizontal. En d'autres termes, le *continuum* s'envisage aussi du point de vue spatial, comme dans la majeure partie des espaces dialectophones de l'italien, de l'occitan, ou encore des différentes variétés régionales du français hexagonal, où les frontières entre les différentes aires ne sont jamais parfaitement délimitées. Dans ce second sens, il est possible de concevoir l'ensemble de l'espace des langues romanes comme un immense *continuum* dialectal s'étendant du Portugal au sud de l'Italie en passant par la France, tout comme il existe un *continuum* dialectal des langues germaniques, des langues slaves ou encore de l'arabe.

3.1.5 Diglossie

Il y a diglossie lorsque se trouvent en co-présence de deux ou plusieurs langues, dialectes ou variétés d'une langue dans un même espace social, chacune dotée d'une fonctionnalité communicative propre. Toutefois, le concept de diglossie peut être appréhendé de deux manières différentes selon que l'on considère cette cohabitation des langues ou codes linguistiques comme stable ou comme dynamique (Matthey 2021 : 111–112).

On se trouve dans le premier cas lorsque l'on observe deux codes linguistiques se partageant différents domaines d'utilisation – par exemple la famille, la rue, l'école, le travail ou encore l'administration. La langue / variété de première socialisation, c'est-à-dire de la communication familiale – le basilecte, est différente de la langue / variété utilisée par les institutions et l'école – l'acrolecte – doté d'un prestige supérieur que lui confère l'action de standardisation qui en a accompagné la diffusion dans le processus de construction étatique – notamment par l'effort de codification grammatical dont il fait l'objet. Pour Fergusson (1973 : 286–290), les situations de diglossie sont perçues comme fondamentalement stables. Cela peut être le cas par exemple de l'Italie à l'orée du XXème siècle, la langue italienne se superposant à l'époque aux dialectes et langues régionales tout en se partageant avec celles-ci les situations de communication dans l'espace social.

Il est cependant possible d'arguer que les situations diglossiques sont plus instables qu'il n'y parait, les langues/variétés se retrouvant en concurrence les unes avec les autres, celles dotées de plus grand prestige tendant à envahir les sphères communicatives de celles en situation de minoration. Dans cette perspective, les situations diglossiques sont donc inégalitaires par essence, avec des rapports conflictuels et de domination qui peuvent conduire les locuteurs à développer des représentations dévalorisantes à l'égard leur propre langue/variété, de sorte qu'ils seront davantage susceptibles d'adopter et de transmettre à la génération suivante le code dominant. C'est ainsi que s'explique la diffusion du français en France au détriment des langues dites régionales, notamment à partir de la III° République sous l'impulsion de l'institution scolaire qui, en les stigmatisant, a beaucoup contribué à éradiquer les usages locaux ou régionaux.

Il faut cependant souligner que le concept de « diglossie » est aujourd'hui peu utilisé dans la mesure où le caractère dynamique, et donc mouvant, de tout contexte sociolinguistique est communément admis : les usages langagiers, quel que soit le contexte social, sont en constante évolution et les situations de parfait équilibre ou égalité entre deux codes linguistiques n'existent tout simplement pas.

3.1.6 Langue de première socialisation (L1), Langue seconde (LS), Langue étrangère (LE)

Langue première ou L1

On utilise le concept de « Langue de première socialisation » dans la mesure où la première langue apprise par un individu est celle qu'on lui transmet dans le contexte familial durant la petite enfance. On préfère cette expression à celle de « langue maternelle » car cette dernière est trop exclusive : par exemple, une langue « paternelle » – ou de tout autre adulte de référence tissant des liens familiaux avec l'enfant dans son plus jeune âge – peut également être transmise à l'enfant en alternative ou en parallèle à la langue de la mère. Par ailleurs, dans cette perspective, il devient tout à fait possible d'acquérir, dans certaines situations, deux « langues premières ».

Les aires d'extension du français comme L1 sont principalement :

- la France (y compris ses territoires d'outre-mer) ;
- les cantons romands en Suisse (7 cantons monolingues ou bilingues) ;
- la Belgique francophone (Wallonie et région bruxelloise) ;
- certaines provinces du Canada, en particulier le Québec (majoritairement francophone) et le Nouveau-Brunswick qui compte environ un tiers de francophones.

De nombreuses minorités francophones plus ou moins importantes existent par ailleurs dans toute l'Amérique du Nord. En outre, compte tenu des dynamiques sociolinguistiques à l'œuvre dans les contextes urbains de l'Afrique subsaharienne ou du Maghreb, la langue française est désormais devenue dans plusieurs grandes métropoles une langue de la première socialisation, souvent en co-présence avec une ou plusieurs autres langues, comme cela est attesté à Abidjan (Boutin, N'Guessan 2015 : 178–179) ou à Yaoundé (Onguéné Essono 2016 : 87–90).

Langue Seconde ou LS

Les linguistes recensent plus de 6 000 langues dans le monde entier, alors que l'ONU reconnaît officiellement moins de 200 pays. Indépendamment de l'existence de pays officiellement bilingues ou plurilingues, la simple mise en relation de ces deux chiffres incite donc tout au moins à relativiser l'idée selon laquelle la plupart des pays, États, ou sociétés humaines seraient monolingues. A cet effet, l'aire de diffusion de la langue française ne fait pas exception, puisque presque partout on y constate la co-présence d'une ou plusieurs autres langues.

Dans les faits, il n'est pas rare que la langue acquise par le jeune enfant dans le contexte familial diffère de celle qu'il rencontre dans l'espace social dès qu'il sort de chez lui. Qu'il s'agisse de la langue parlée dans la rue, à l'école, ou encore dans l'administration, cette langue est dite « Langue Seconde » ou « Langue de seconde socialisation ». Le concept prend tout son sens dès lors que l'on songe à tous les pays où le français est historiquement présent.

Ainsi, les anglophones montréalais sont-ils presque toujours bilingues du fait que la langue dominante dans l'espace social québécois est le français. Mais en Haïti, dans les pays du Maghreb ou encore en Afrique noire, le français est également présent, à des degrés divers selon les différentes réalités nationales, dans le système d'éducation, dans l'administration, voire dans les domaines de l'économie et du commerce ou encore dans d'autres secteurs sociaux.

Paradoxalement, ce n'est pas parce que le français est langue officielle qu'il est nécessairement présent dans l'espace social comme langue véhiculaire dans la communication. C'est le cas en Vallée d'Aoste qui est une région officiellement bilingue français-italien, alors que les individus se définissant bilingues indiquent généralement pratiquer le francoprovençal – et non le français – aux côtés de l'italien. Inversement, l'Algérie ne donne aucune reconnaissance officielle au français alors que celui-ci est présent dans de nombreux secteurs de la vie publique, comme en témoigne la diffusion non négligeable d'une presse écrite de langue française.

Langue Etrangère ou LE

On oppose généralement à la « Langue Seconde » (ou LS) présente dans la communauté sociale dans laquelle vit un individu, la « Langue Etrangère » (LE ou également L2 par opposition à L1) qui, elle, est absente de l'espace social environnant. Il s'agit donc d'une langue extérieure à la communauté, même si certaines LE – les plus prestigieuses, dotées d'une valeur plus élevée sur le marché linguistique – sont susceptibles d'être enseignées à l'école, précisément en tant que langues étrangères.

3.1.7 Langues de l'immigration, Langue d'Origine Héritée (LOH)

On entend par « langues immigrées » les langues qui sont parlées par des sous-groupes de la population d'une nation originaires d'autres pays. On les appréhende généralement dans le cadre des questionnements sociolinguistiques liés à la transmission familiale.

Dans cette perspective, le bilinguisme ou plurilinguisme des populations d'origine étrangère est souvent vu sinon comme problématique, du moins comme une étape transitoire, nécessaire à l'intégration dans le pays d'accueil (Condon & Régnard 2010 : 45) : le parcours réussi de toute migration se conçoit donc comme le passage d'un monolinguisme à un autre, de la langue d'origine à celle du pays d'accueil – sans considération du nombre de générations nécessaires pour arriver à ce nouveau monolinguisme. Pourtant, il n'est pas rare que les nouveaux migrants soient en réalité déjà plurilingues comme Merle *et als.* (2010) le démontrent en Suisse à propos des immigrés italiens qui sont à la fois dialectophones et italophones, ou encore des Espagnols qui joignent le galicien ou le catalan aux côtés du castillan.

Concrètement, la transmission de la LOH dépend de nombreux facteurs sociolinguistiques :

– le statut et le prestige la langue immigrée et sa valeur sur le marché linguistique du pays d'accueil ;

- le niveau d'instruction des parents, leur statut social, et le fait que les deux parents proviennent du même pays d'origine ;
- la cohésion linguistique de la population immigrée, directement reliée à l'homogénéité linguistique du pays d'origine comme cela est le cas pour les Portugais ;
- la reconnaissance de la part des institutions, comme l'inscription d'une épreuve facultative d'arabe dialectal au baccalauréat en France jusqu'en 1999 ;
- la fonction identitaire plus ou moins forte attribuée à la langue en question, comme cela est le cas pour le berbère (Chaker 2008) ;
- la présence plus ou moins importante de cette même langue dans l'espace public, en particulier dans les productions culturelles, comme pour l'arabe maghrébin très présent dans la musique en France (Barontini, Caubet 2008).

3.1.8 Locuteur et auditeur

Le locuteur est le sujet parlant, c'est-à-dire l'individu appréhendé pour sa capacité d'utiliser la langue pour communiquer activement.

Il est à noter que tout locuteur est avant tout un auditeur : l'individu acquiert la capacité à communiquer activement – dans le sens de produire du sens par la parole – seulement après avoir été soumis aux discours de son entourage, ce qui lui aura donné l'opportunité d'abord de donner du sens, puis de fixer les formes, les récurrences, etc. En effet,

> la langue, objet de la linguistique, vient au sujet entendant-et-parlant de l'extérieur : les savoirs linguistiques qu'il met en jeu sont des intériorisations socialement réglées de cette extériorité-langue qui lui vient de la masse parlante. [...] le sujet rencontre le fait de grammaticalité lors de l'acquisition du langage, c'est-à-dire en recevant la langue d'autrui (parents, pairs ; puis école, médias, etc.) (Encrevé 1977 : 7).

Puisque l'auditeur précède toujours le locuteur, il ressort que le répertoire passif d'un individu est toujours plus étendu que son répertoire actif, et par conséquent que cet individu comprend toujours davantage de codes linguistiques – de langues ou de variétés d'une langue ou de registres – qu'il ne sait effectivement en utiliser de façon active pour produire du discours.

3.1.9 Plurilinguisme

Contrairement au terme multilinguisme, moins courant et plutôt utilisé pour indiquer de manière générique des pays où plusieurs langues sont présentes – Canada, Cameroun, Belgique – sans préciser si celles-ci se juxtaposent ou coexistent de façon séparée, le terme de plurilinguisme est davantage utilisé pour indiquer le caractère pluriel d'un répertoire individuel ou social.

Par plurilinguisme, on entend donc d'abord la capacité d'un individu ou d'une société de disposer simultanément de plusieurs langues, sans considération du niveau de maitrise réel de celles-ci. On peut en outre étendre le concept de plurilinguisme à la cohabitation, au sein d'un même répertoire, non seulement de plusieurs langues, mais également de plusieurs codes linguistiques :

> Per plurilinguismo intendiamo qui la compresenza sia di linguaggi di tipo diverso (verbale, gestuale, iconico...), cioè di diversi tipi di semiosi, sia di idiomi diversi, sia di diverse norme di realizzazione d'un medesimo idioma. Esso pare una condizione permanente della specie umana e, quindi, di ogni società umana (De Mauro 1977, cité dans Lo Duca 2003 : 57).

Dans la mesure où toute prise de parole suppose le choix du registre le plus adapté à la situation de communication, c'est-à-dire le choix d'un code linguistique, ce type de positionnement permet de considérer 1. que tout individu est fondamentalement plurilingue, et 2. que le monolinguisme au sens strict du terme n'existe pas à l'état de nature.

3.2 Norme(s) et faits de langues

Les langues changent dans le temps, s'enrichissent à travers les contacts avec d'autres langues voisines, et évoluent de façon constante, même si cette évolution peut être plus ou moins rapide en fonction de conditions déterminées par l'environnement social. Ainsi, on sait que la ville est plus propice au changement linguistique que les aires rurales périphériques, mais surtout, pour des langues de grande diffusion, que celles-ci sont susceptibles d'emprunter des voies différentes, ce pour quoi on verra apparaitre des différentiations locales, régionales ou nationales aux niveaux lexical, phonologique, voire morphosyntaxique. Les différences qui émergent de la sorte ne sont néanmoins pas égales en termes de prestige. Se pose donc la question de la norme de référence à suivre pour les locuteurs de communautés linguistiques différentes : vaut-il mieux préserver l'usage de sa propre communauté, et par conséquent sa propre identité, ou au contraire est-il préférable d'opter pour une norme plus prestigieuse, mais extérieure à la communauté, dans l'espoir d'en retirer des bénéfices, collectifs ou individuels, par exemple en termes d'ascension sociale ? La partie qui suit entend se concentrer sur ce type de questionnement autour du concept de norme(s) et du jeu d'influences entre différents codes linguistiques.

3.2.1 Archaïsme

Les archaïsmes sont des formes linguistiques tombées en désuétude dans la langue contemporaine. Du point de vue de la variation géographique, il s'agit de formes toujours en usage dans un ou plusieurs français régionaux, mais qui ont disparu dans le français de référence – qui se veut diatopiquement neutre.

Un excellent exemple est donné par l'indication des trois repas de la journée. Si tous les manuels destinés à l'apprentissage du français par les étrangers rapportent la trilogie « petit-déjeuner, déjeuner, dîner » pour les repas du matin, du midi et du soir, le voyageur attentif notera qu'on utilise les termes « déjeuner, dîner, souper » dans l'est de la France, en Belgique, en Suisse et dans le français nord-américain. Ces différences témoignent d'une évolution de la langue, les usages régionaux ou périphériques étant perçus comme archaïques par rapport au français de référence davantage susceptible d'avoir subi des transformations.

Lorsque l'on évoque les archaïsmes, ce sont les aspects lexicaux qui s'imposent à l'esprit. Or, il existe aussi des archaïsmes de prononciation ou de morphosyntaxe. C'est, à titre d'illustration, le cas de la prononciation du diphtongue /oi/, comme dans « moi », [mwɛ] en français populaire québécois et [mwa] en français européen standard. La prononciation toujours attestée au Québec est directement héritée du modèle de langue en usage au XVIIIème siècle en France : la langue du « roi », alors prononcé [rwɛ], diffère de celle du bourgeois parisien, prononcé [burʒwa], qui peu à peu va s'imposer comme norme du bon usage après la Révolution (Bouchard 2011 : 100–107 ; Ostiguy & Tousignant 2008 : 105–108).

Pour terminer, soulignons que la notion d'archaïsme pose généralement la relation « français de référence/usages régionaux » dans une logique de « centre *vs* périphérie », avec pour corollaire tout un cortège de représentations stigmatisantes envers les usages s'éloignant du standard adopté comme étalon de référence.

3.2.2 Emprunt

On entend généralement par emprunt l'adoption d'un élément lexical d'une langue par une autre. Exemples d'emprunts directs : « computer » en italien est un emprunt de l'anglais, « toubib » (pour médecin dans un registre informel en français) est un emprunt de l'arabe maghrébin, « email » aussi bien en italien qu'en français est un emprunt de l'anglais.

Une forme particulière d'emprunt est le calque, forme idiomatique ou expression empruntée à une langue et transposée littéralement dans une autre. Par exemple, l'expression « tomber en amour » u Québec est un calque de l'anglais nord-américain – « to fall in love ». De la même manière, l'expression « faire la poutse » à partir de « poutser », calque de l'allemand « putzen » qui signifie « nettoyer ».

Enfin, il existe aussi l'emprunt sémantique, qui consiste à doter un terme d'un nouveau sens en provenance d'une autre langue. Ainsi, on parlait autrefois presque toujours d'un « domaine » de recherche scientifique, alors qu'aujourd'hui on parle également d'un « champ » de recherche scientifique (research field), le mot champ ayant acquis de la sorte un sens supplémentaire suivant l'usage de « field » en anglais.

3.2.3 Norme(s) descriptive(s) / norme(s) prescriptive(s)

Il est d'usage de distinguer en (socio)linguistique les normes descriptives, ou objectives, relatives au fonctionnement de la langue et partagées par les membres d'une communauté linguistique, et les normes subjectives ou encore évaluatives, individuelles et sociales, dont font partie les normes prescriptives, accompagnées en français d'une attitude puriste qui valorise un seul usage (Rey 1972).

La très grande majorité des grammaires et des manuels d'apprentissage de la langue, même lorsqu'ils déclarent en introduction vouloir décrire les usages réels des locuteurs, décrivent des normes prescriptives en ce sens qu'ils se limitent à indiquer une seule norme grammaticale de réalisation pour un type d'énoncé, alors qu'il existe souvent dans la réalité plusieurs réalisations possibles.

Par conséquent, tout ce qui n'est pas explicitement prescrit est renvoyé dans le domaine de la transgression par rapport à la norme de référence, et est donc considéré comme une erreur, quand bien même il s'agirait d'énoncés réels attestés, utilisés par les locuteurs natifs.

Par exemple, toutes les grammaires exigent le « ne » de négation en français, alors que cette particule est souvent absente de la langue orale (Benvéniste 1990 : 189-190), y compris dans la langue formelle, ce qui reviendrait à considérer, en poussant la logique grammaticale jusqu'au bout, que la presque totalité des locuteurs natifs parlerait mal.

A l'opposé, les normes descriptives tentent de décrire les usages réels, attestés dans les comportements langagiers des locuteurs, souvent par l'étude de corpus plus ou moins étendus (normes de fréquence ou approche dite « statistique »). Une grammaire basée sur des normes descriptives devrait donc se concevoir comme une description des réalisations possibles de la langue. Ainsi, l'analyse des corpus permet de constater que le « ne » de négation est pratiquement systématique à l'écrit, alors qu'à l'oral il sera de moins en moins fréquent au fur et à mesure que l'on passera du style monologual, plus proche de la norme écrite, au style dialogal (Branca-Rosoff 2007 : 42).

Notons enfin que les formes hybrides de communication écrit-oral – textos, clavardages, forums en ligne – complexifient ultérieurement la description des usages langagiers.

3.2.4 Norme endogène, norme exogène

La norme endogène se réfère d'une part aux usages en cours à l'intérieur d'une communauté linguistique, d'autre part à la perception que les locuteurs se font de ces usages, perçus comme légitimes et pouvant faire office de modèle de langue à suivre.

La norme exogène est la norme de référence (réelle ou fantasmée) située à l'extérieur de la communauté. On utilise le terme pour indiquer l'opposition entre usages nationaux, régionaux ou locaux d'une communauté de locuteurs (normes endogènes) et norme de référence (acrolecte), plus prestigieuse, provenant d'un pôle d'attraction linguistique perçu comme doté d'une légitimité supérieure mais élaborée hors de cette même communauté.

Exemple, Paris – ou la France – est détentrice de la norme de référence, dotée du plus grand prestige, pour l'ensemble des francophones. Les concepts de norme(s) endogène(s) et exogène(s) sont généralement utilisés pour décrire les contextes sociolinguistiques d'Afrique francophone.

3.3 Aménagement linguistique

La conception et la programmation de politiques interventionnistes à l'égard de la ou des langue(s) dans une société nécessitent souvent un véritable aménagement linguistique, c'est-à-dire la mise en œuvre d'un ensemble de moyens en vue d'agir sur la langue, que ce soit sur son versant interne (dimension strictement linguistique) ou sur son versant externe (dimension sociale).

3.3.1 Les types d'intervention sur la langue

Parmi les efforts d'intervention sur la langue en tant que telle, on peut distinguer différents types d'activité comme :

- création d'une écriture : c'est le cas de plusieurs véhiculaires africains au XXème siècle qui sont dotés d'une graphie après avoir été décrits notamment par les missionnaires ;
- standardisation, uniformisation ou normalisation : dans le cas du français, on assiste à partir du XVIIème siècle à la création de l'Académie française et à la rédaction de grammaires prescriptives qui énoncent des règles du bon usage de la langue, à la réalisation de dictionnaires ou encore à la Réforme de l'orthographe de 1989 ;
- développement de nouvelles terminologies : par exemple, en Amérique du Nord, notamment afin de lutter contre l'anglicisation, l'Office Québécois de la Langue Française crée et promeut de nombreux travaux terminologiques dans le domaine scientifique et dans les nouvelles technologies ;
- création ou réélaboration d'une langue : c'est le cas de l'espéranto ou encore de l'hébreu moderne.

Ces activités s'insèrent généralement dans le cadre de politiques linguistiques plus ou moins explicites ayant pour but d'agir sur le social, en tentant d'intervenir :
- pour modifier le statut et/ou le rôle d'une langue (langue/s officielle/s, nationale/s, de scolarisation, de l'administration, etc.) ;
- pour éradiquer des langues, ce que l'on désigne par glottophagie institutionnelle (Calvet 1974), comme tenta de le faire la Révolution française avec les langues régionales ;
- en mettant en place des législations linguistiques : la Loi 101 au Québec qui vise à imposer un monolinguisme français dans l'espace social, ou encore les législations relatives à l'usage des langues en Belgique, en Afrique subsaharienne, etc.

Les efforts déployés se manifestent souvent dans le cadre de politiques plus ou moins explicitement énoncées (défense des droits linguistiques des individus au Canada, promotion du plurilinguisme en Europe, défense de la territorialisation des langues en Belgique).

3.3.2 Standardisation

On parle de standardisation pour décrire un processus de sélection d'une variété de langue, notamment par élimination d'autres formes concurrentes et/ou par normalisation, c'est-à-dire de description – élaboration d'une norme prescriptive – dans le but d'aboutir à une langue standardisée et uniformisée, correspondant davantage aux besoins de communication de la société.

Dans le cas du français, on sait que les travaux de description de la langue par les grammairiens ont largement contribué, à partir du XVIème siècle, à l'élaboration d'une norme de la langue écrite qui exclut progressivement nombre de formes linguistiques caractéristiques du parler parisien qui s'est imposé dans les régions limitrophes, anticipant de la sorte les efforts dans le même sens de l'Académie française au siècle suivant (Blanchet 2013 : 99–100).

Plus récemment, on peut également citer la création et la promotion d'un basque unifié, dit *euskara batua*, à partir des années 1960 et 1970, en particulier à partir des dialectes centraux – uniformisation lexicale, normalisation ou encore unification du système des conjugaisons. Autre exemple contemporain, le travail de terminologie de l'Office Québécois de la Langue Française (OQLF) en vue de moderniser la langue et de l'adapter aux nouvelles technologies, et de lutter de la sorte contre les anglicismes. Parmi les néologismes passés dans la langue courante et dans les dictionnaires édités en France, on peut citer « clavardage », « courriel » ou « divulgâcher ».

4
Langues et sociétés dans l'aire francophone

On rencontre parfois, aux détours des textes, des références aussi bien à la « francophonie » qu'à la « Francophonie » : s'il arrive que les deux termes soient confondus, le plus souvent l'usage de l'un plutôt que l'autre rend nécessaire de poser la distinction entre ces deux homonymes séparés par l'emploi ou non d'une majuscule.

La « Francophonie » tout d'abord se réfère à l'Organisation internationale du même nom. Réunie au lendemain du mouvement de décolonisation, qui conduit à la naissance de nombreux nouveaux États notamment en Afrique subsaharienne, la Conférence des États Francophones a pour objectif premier de réunir les pays ayant en partage la langue française. Directe héritière de cette initiative, l'OIF – Organisation Internationale de la Francophonie – est aujourd'hui composée de 56 pays membres auxquels s'ajoutent des pays associés ou observateurs.

L'observation d'une carte ou d'une liste reportant les pays membres de l'OIF interroge cependant quant aux critères d'adhésion à cette Francophonie institutionnelle : on note en effet la présence de pays membres tels que la Grèce, ou associés comme les Emirats Arabes Unis, alors que ces nations n'ont jamais été sous domination de la France ou de la Belgique, et n'entretiennent en outre pas de relation particulière à l'égard de la langue française. Plus curieux encore, on remarque l'absence notable de l'Algérie – on reviendra plus avant sur les motifs du refus algérien de prendre part à cette organisation.

C'est que l'OIF est une organisation internationale. Si à l'origine l'un des objectifs est de promouvoir la langue française en tant que langue privilégiée de l'idéal universaliste et humaniste – reproduisant l'image de la supériorité du français et de sa culture d'origine – aujourd'hui les préoccupations de l'OIF n'ont plus guère à voir avec la langue, se focalisant sur des thématiques a priori plus consensuelles mais aussi fort génériques : la défense de la paix, de la démocratie, et plus récemment de la diversité linguistique et culturelle. Décider de faire partie de cette organisation ou, à plus forte raison, de ne pas en faire partie, est par conséquent et à l'heure actuelle un acte volontaire dicté par des considérations qui relèvent du politique ou de l'économique (Klinkenberg 2017 : 16–18).

La « francophonie » en revanche est un concept qui renvoie à la langue française et à sa diffusion géographique dans le monde ; ce n'est d'ailleurs pas un hasard si le terme a été forgé par un géographe, Onésime Reclus, à la fin du XIXème siècle. Mais dans quelle mesure un État ou une région peuvent-ils se dire francophones ? Faut-il que toute ou partie de la population parle français ? Et si [c'est] seulement une partie, dans quelle proportion ? Avec le français langue maternelle ou langue seconde ?

Selon les points de vue adoptés ou les contextes pris en considération, et au-delà de la présence réelle de la langue française, la notion de « francophonie » est donc susceptible d'évoquer des réalités fort différentes, le statut du français et des autres langues en co-présence pouvant fortement varier d'une région ou d'un pays à un autre, aussi bien au niveau institutionnel que du point de vue des représentations linguistiques. Cette multiplicité des contextes, d'autant plus importante que le français est désormais bien implanté sur plusieurs continents et dans une myriade de pays, a posé le problème du choix des aires géographiques à retenir pour l'illustrer au mieux.

On a ainsi choisi de proposer une vue d'ensemble de l'Afrique subsaharienne, et d'évoquer le Canada avec notamment ses provinces du Nouveau-Brunswick et du Québec, le Liban puis le Maghreb, et enfin la francophonie européenne – Belgique, France, Suisse, Vallée d'Aoste – pour le poids démographique et/ou historique de ces différentes aires. Si notre volonté de synthèse a pu conduire à des approximations, elle a surtout imposé quelques renoncements douloureux. Ainsi, certains pays ont été écartés quand bien même ils constituent des cas particuliers riches d'enseignements, comme Haïti, premier pays au monde par nombre de locuteurs du créole, langue co-officielle aux côtés du français, ou encore de plusieurs pays d'Afrique qui auraient chacun mérités d'être traités à part. Toutefois, les aires proposées ici permettent d'aborder suffisamment de cas d'études et de situations pour acquérir une vue d'ensemble des dynamiques sociolinguistiques les plus représentatives du monde francophone.

Langues et sociétés dans l'aire francophone

Carte 1: Pays membres de l'Organisation Internationale de la Francophonie (Simone A., source : OIF)

4.1 Afrique francophone

Présente en Afrique subsaharienne à la suite des colonisations belge et française, la langue française se trouve partout en contact avec de nombreuses autres langues. L'extrême variété des contextes sociolinguistiques dans lesquels ont lieu ces contacts détermine à son tour une grande variabilité des phénomènes linguistiques résultant de cette cohabitation entre langues (Merlo 2010 : 189–192), et rendre compte du foisonnement linguistique du continent n'est guère aisé. Plus que toutes les autres aires de la francophonie abordées dans cet ouvrage, le rapide tour d'horizon proposé ci-après doit se concevoir davantage comme un panorama impressionniste que comme une photographie à haute résolution. En effet, non seulement la situation des différents pays/régions peut varier d'un extrême

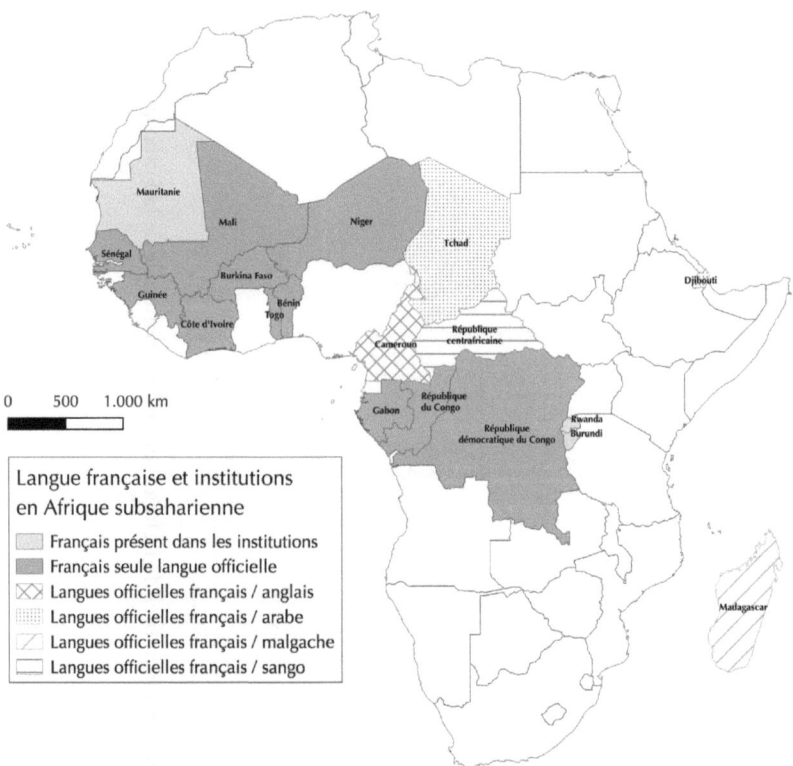

Carte 2: Langue française et institutions en Afrique subsaharienne (Simone A., sources : Merlo 2010 ; http ://osservatoire.francophonie.org).

Afrique francophone

à l'autre – de la République Centrafricaine pratiquement homogène du point de vue linguistique aux près de 300 langues du Cameroun – mais la vitalité sociolinguistique des centres urbains n'a que peu en commun avec les contextes ruraux, pour proches ou éloignés qu'ils soient de la ville.

4.1.1 Le statut des langues

S'il est resté très présent même après le mouvement de décolonisation des années 1950, le français n'est la langue officielle exclusive que de 11 nations : Bénin, Burkina Faso, Congo Brazzaville, Congo Kinshasa, Côte d'Ivoire, Gabon, Guinée, Mali, Niger, Sénégal, Togo. Dans d'autres cas, il partage avec d'autres idiomes son statut de langue (co-)officielle :

- Cameroun : anglais et français langues (co-)officielles ;
- République Centrafricaine : sango et français langues (co-)officielles ;
- Tchad : arabe et français langues (co-)officielles ;
- Comores : arabe et français langues (co-)officielles ;
- Djibouti : arabe et français langues (co-)officielles.

Parfois, le français peut ne pas avoir le rang de langue officielle, voire pas de statut du tout, bien qu'il soit présent comme langue des institutions, comme dans le cas du Rwanda (kinyarwanda langue officielle), du Burundi (kirundi langue officielle) et de la Mauritanie (seul l'arabe est langue officielle depuis 1992).

Certains pays peuvent également reconnaitre des langues nationales parallèlement à ou aux langue(s) officielle(s), en fonction de critères qui peuvent être géographiques, ethniques et/ou communicatifs :

> Une langue nationale est, d'une part, une langue parlée sur tout ou partie du territoire national, une langue parlée sur un terroir appartenant traditionnellement à celui-ci. Une langue nationale est, d'autre part, une langue parlée par tout ou partie de la population nationale, une langue parlée par une communauté traditionnellement à celle-ci. Le concept de langue nationale s'oppose à celui de langue étrangère (Halaoui 2001 : 114–115).

Le cas du Sénégal est caractéristique puisqu'aux côtés du français langue officielle, l'État reconnait 6 langues nationales : dioula, mandinka, poular, sérère, soninké et wolof.

4.1.2 Les langues en (co-)présence

Le statut des langues est largement tributaire du prestige de celles-ci, prestige lui-même lié au poids démographique, à l'extension géographique, et aux fonctions remplies dans le cadre des pratiques langagières des locuteurs. On peut signaler, parmi les langues de grande diffusion, le poular – ou fulfude, peul, fulani – parlé en Mauritanie, Sénégal, Mali, Guinée, Burkina Faso, Niger, Nigéria, Cameroun, Gambie, et le dioula (ou mandingue, bambara, malinké) parlé dans tout le Sahel de la Mauritanie au Soudan ainsi qu'en Guinée et en Côte d'Ivoire.

Toutefois, d'une part ces langues font l'objet de dénominations différentes d'un pays ou d'une région à l'autre, et d'autre part elles ont été

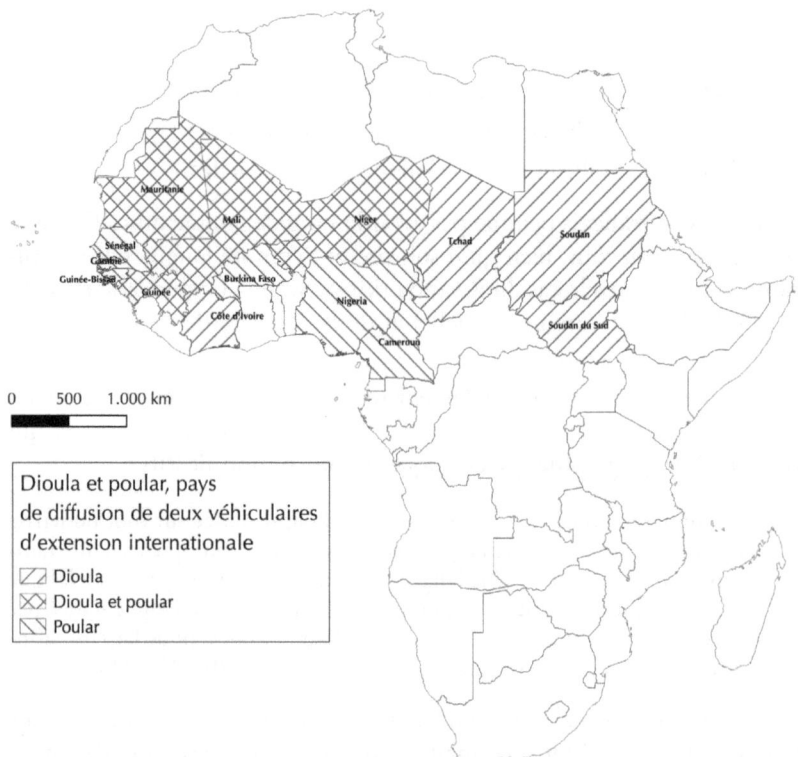

Carte 3 : Dioula et poular, pays de diffusion de deux véhiculaires d'extension internationale en Afrique subsaharienne (Simone A., source : Merlo 2010).

Afrique francophone

aménagées pour l'écrit de façon non concertée d'un pays à l'autre, donnant parfois lieu à des graphies différentes, de façon que ces langues n'ont pu être exploitées – volontairement ou non – comme véhiculaires à l'écrit, ni même parfois à l'oral. En effet, le positionnement observé chez les locuteurs à l'égard de leur(s) langue(s) ne semble parfois ni stable ni définitif et se révèle susceptible de changer en fonction de l'interlocuteur et des exigences de la communication (Canut 2001 : 455–457).

Ainsi, après la décolonisation, les nouveaux États ont plus ou moins volontairement favorisé les phénomènes de balkanisation, comme l'illustre le cas du mandingue dans trois pays voisins où il est parlé : Mali, Guinée, Burkina Faso. Chacun de ces pays a adopté une dénomination spécifique – respectivement bambara, malinké et dioula – en adoptant une orthographe et en publiant lexiques et grammaires en dehors de

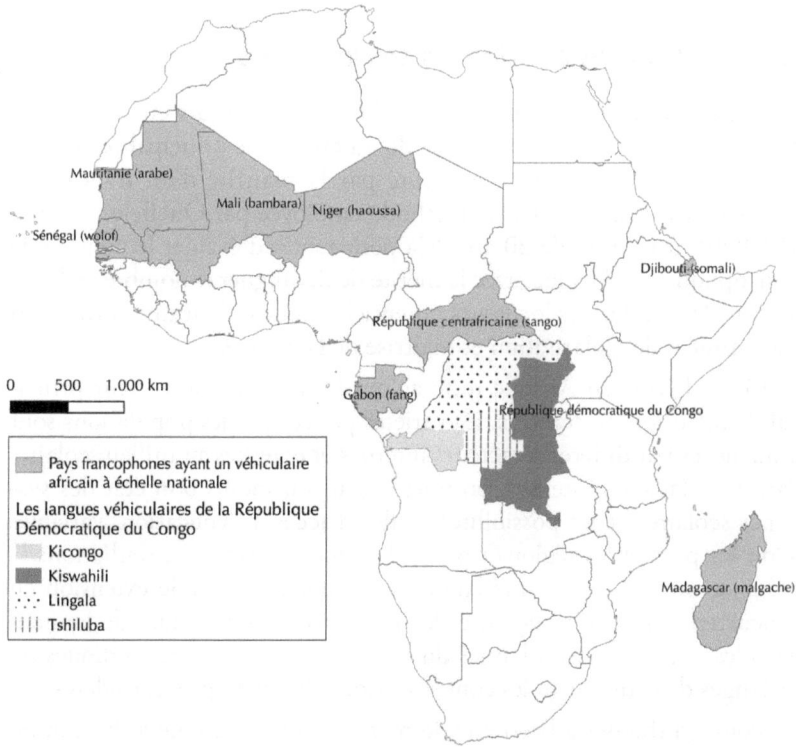

Carte 4: Pays d'Afrique francophone linguistiquement homogènes ou ayant une langue d'extension nationale (Simone A., source : Merlo 2010).

toute concertation, alors que l'on est en présence de dialectes issus d'une seule et même langue (Simonis 2000 : 110–112).

Enfin, si la presque totalité des États d'Afrique subsaharienne présente un cadre linguistique complexe caractérisé par la coexistence d'un nombre parfois très important de langues – tel le Cameroun déjà cité avec près de 300 langues recensées – certains pays possèdent, sinon une relative homogénéité sur le plan linguistique, du moins une langue véhiculaire d'extension suprarégionale pouvant être employée par la majorité de la population. C'est le cas de la Mauritanie (arabe), du Mali (bambara), du Niger (haoussa), de la République Centrafricaine (sango), du Gabon (fang) ou du Sénégal (wolof). Le Congo Kinshasa a pour sa part 4 langues véhiculaires de grande diffusion (kiswahili, ciluba, kikongo, lingala) qui se répartissent le territoire national en quatre aires d'extension respectives.

4.1.3 Le français d'Afrique et ses locuteurs

On constate que le nombre de locuteurs du français en Afrique est difficile à établir : cela est en partie dû au fait que le principal paramètre employé pour ce faire est représenté par la maitrise d'un français de type scolaire. C'est en effet la méthode employée par Queffelec (2000 : 817–820) il y a près de 20 ans déjà pour tenter d'évaluer le nombre de francophones en Afrique, avec le mérite de distinguer le nombre de locuteurs réels de celui des locuteurs potentiels, en postulant une corrélation entre années de scolarisation et maitrise de la langue.

Or, si l'école en Afrique reste aujourd'hui encore le vecteur principal de diffusion du français, les variétés parlées par les populations sont influencées par différents facteurs internes et externes au milieu scolaire. Parmi les facteurs internes, on note le plus ou moins bon état des systèmes scolaires et les possibilités réelles d'accès à l'éducation, variables selon les pays et les régions ; parmi les facteurs externes, soulignons la présence ou l'absence d'une langue véhiculaire de grande extension en concurrence avec le français, et les phénomènes de contact de langues dans les grandes aires urbaines du continent – alternances codiques ou mélanges de codes selon les contextes (socio)linguistiques considérés.

Pour synthétiser à l'extrême, le *continuum* linguistique à disposition d'un locuteur en Afrique subsaharienne embrasse un spectre assez large, susceptible de comprendre un vernaculaire régional employé au moins à l'échelle familiale (basilecte), un ou plusieurs véhiculaires régionaux ou suprarégionaux, un français régional (norme endogène) et le français scolaire exerçant la fonction d'acrolecte (norme exogène).

4.2 Belgique : État plurilingue et régions monolingues

La création de l'État belge moderne remonte à la révolution de 1830, menée par les élites urbaines pour se séparer des Pays-Bas. Si une majorité d'habitants du pays est à l'époque néerlandophone, les bourgeoisies citadines wallone et flamande sont francophones, ce qui explique que le français demeure la seule langue officielle jusqu'à la toute fin du XIXème siècle.

Aujourd'hui, la Belgique est un État fédéral de près de 11 millions d'habitants qui compte 3 langues officielles : le néerlandais (environ 7 millions de locuteurs), le français (environ 3,5 millions) et l'allemand (80 000 locuteurs). La division administrative est complexe du fait de la juxtaposition de diverses entités aux compétences variées – régions administratives, régions linguistiques, communautés linguistiques.

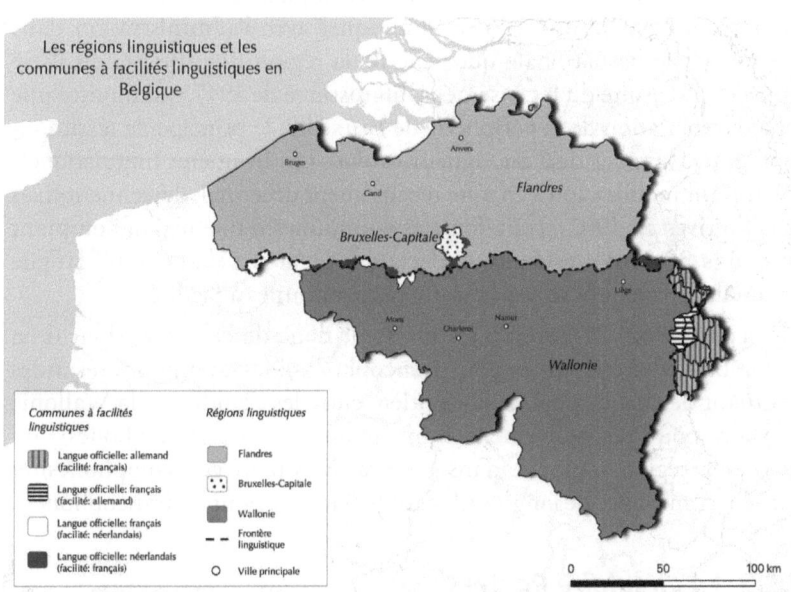

Carte 5: Régions linguistiques et communes à facilités linguistiques en Belgique (Mezzapelle D., source : Commission permanente de contrôle linguistique, Belgique).

En ce qui concerne les langues, les régions linguistiques sont au nombre de quatre, dont trois régions monolingues – Flandre néerlandophone, Wallonie francophone et l'entité germanophone à l'est de la Wallonie – et la Région bilingue de Bruxelles-Capitale.

La territorialisation des langues est très poussée : si l'État fédéral est officiellement plurilingue, les régions sont en revanche monolingues. Contrairement à la Suisse, les frontières linguistiques en Belgique sont définitives. Durant la première moitié du XXème siècle, un recensement décennal permettait de réajuster ces frontières linguistiques ; or, le recensement de 1947 – rendu public en 1954 – mit en évidence une poussée de la langue française vers le nord et dans plusieurs communes de la périphérie de Bruxelles, suscitant un vif débat au sein de l'opinion publique flamande et conduisant à l'adoption de lois linguistiques au début des années 1960.

4.2.1 Communes à facilités linguistiques

Le long de la frontière entre Wallonie et Flandre en Belgique, on rencontre des communes dites « à facilités linguistiques » dans lesquelles les habitants ont le droit de communiquer avec l'administration dans une autre langue nationale que celle de la région linguistique où ils se trouvent. À la suite du recensement linguistique de 1947, qui montre une rapide francisation de la périphérie de Bruxelles, le principe de territorialisation des langues déjà en vigueur évolue. Les frontières linguistiques, auparavant mobiles après chaque recensement décennal, deviennent fixes et définitives en 1962. Toutefois, les communes d'une région comptant au moins 30 % de résidents se déclarant locuteurs d'une autre langue nationale se voient octroyer le statut de communes à facilités.

Depuis 1962, 27 communes jouissent donc de ce statut, dont 6 en région bruxelloise (facilités pour francophones), les communes restantes se situant de chaque côté de la frontière entre les Flandres et la Wallonie (facilités pour respectivement francophones et néerlandophones), ou encore en région wallonne dans l'est (facilités pour germanophones) et dans les communes de langue allemande (facilités pour les francophones).

4.2.2 La Circulaire Peeters

En 1997, le ministre des Affaires Intérieures de la Région des Flandres en Belgique, M. Peeters, émet une circulaire relative à l'emploi des langues dans les administrations communales de la Région flamande. Si, conformément à ce qui est déjà inscrit dans la loi, il est reconnu aux citoyens francophones le droit d'utiliser le français dans leurs communications avec l'administration dans les communes à facilités linguistiques – notamment dans six communes de la périphérie de Bruxelles – il est fait obligation à ces mêmes citoyens de formuler une requête spécifique à chacune de leur démarche pour pouvoir communiquer en français, faute de quoi l'administration ne leur répondra qu'en flamand.

Cette circulaire, qui propose une interprétation particulièrement restrictive de la législation en vigueur, est un excellent exemple d'aménagement linguistique, c'est-à-dire d'interventionnisme linguistique au moyen d'outils juridiques, législatifs et/ou administratifs, pour favoriser certains usages linguistiques par rapport à d'autres. Ici, la circulaire a pour objectif implicite de protéger le flamand, perçu comme langue menacée dans la ceinture urbaine autour de Bruxelles, notamment à cause de la pression démographique des francophones, majoritaires dans la ville même et qui sont toujours plus nombreux à venir s'installer dans les communes périphériques, historiquement néerlandophones.

Au cours des 20 dernières années, plusieurs organes institutionnels – dont le Conseil d'État, la Commission permanente de contrôle linguistique ou la Cour d'appel de Mons – ainsi que les principaux partis politiques francophones et flamands ont été appelés à plusieurs reprises à se prononcer sur la légalité de cette circulaire, sans pour autant arriver à un consensus définitif.

4.2.3 L'insécurité linguistique en Belgique

Paradoxalement, l'insécurité linguistique est attestée auprès des deux communautés. En Flandre, la population est doublement sujette à l'insécurité :

1. d'abord face au poids démographique, politique et culturel des francophones, le français étant une langue internationale comptant environ 80 millions de locuteurs en Europe face à environ 25 millions de locuteurs néerlandophones ;
2. ensuite face au néerlandais parlé aux Pays-Bas, les Flamands belges parlant une variété de néerlandais considérée comme archaïsante et dialectale par les Néerlandais (Vandepoorter & North 2004).

En Wallonie, l'insécurité des francophones belges, souffrant davantage que d'autres pays francophones de la proximité de Paris et de l'absence d'une norme linguistique endogène de référence unanimement reconnue, a déjà été abondamment décrite et documentée (Francard 2010).

A la différence du Québec ou de la Flandre, la Communauté française de Belgique souffre d'un déficit de culture linguistique, et se trouve ainsi privée d'un atout majeur pour affronter les défis liés à la construction d'une identité collective. Cette inculture est le terreau idéal où germent les représentations en tous genres. C'est dans ce terreau, fait de tabous et de préjugés, que se développe l'insécurité linguistique (Francard 1993 : 63).

4.3 Canada francophone : État fédéral et fragmentation des contextes

Géographiquement immense et étalé sur six fuseaux horaires, le Canada s'est construit par vagues de peuplement successives, les colons d'origine française d'abord et britannique ensuite se superposant aux populations natives des Premières Nations. Au-delà du bilinguisme promu par les institutions fédérales, le statut des deux langues officielles varie cependant énormément en fonction des contextes provinciaux.

4.3.1 Le contexte canadien

Le Canada est officiellement un État fédéral bilingue, où tout citoyen peut, du moins en théorie, s'adresser dans la langue de son choix à l'administration – anglais ou français.

La réalité est toutefois plus complexe et varie fortement d'une Province à l'autre, tout comme la situation des francophones, notamment selon leur importance démographique et selon les législations provinciales. Hormis le Québec, qui compte 80 % de francophones et tente d'imposer un monolinguisme en français, et le Nouveau-Brunswick, dont un tiers de la population est francophone, les minorités de langue française rencontrent dans certaines provinces de réelles difficultés à vivre le bilinguisme fédéral officiel, en particulier dans le droit à disposer de réseaux d'enseignement public et de santé en langue française. Signalons également que les droits linguistiques reconnus aux membres des Premières Nations, c'est-à-dire aux Amérindiens, sont là aussi beaucoup plus étendus dans les textes que dans la réalité et varient en fonction des administrations provinciales.

4.3.2 Nouveau-Brunswick : minoration linguistique en Acadie

L'installation des colons à l'époque de la Nouvelle France suit deux axes principaux : au nord le long du Saint-Laurent, à partir duquel se poursuivra le peuplement en direction de l'intérieur du continent, et plus au sud dans les régions maritimes, de la Péninsule de Gaspé (Québec) au Nouveau-Brunswick, aux iles de la Nouvelle Ecosse et du Prince Edouard, et jusqu'au Maine (États-Unis). Ce sont ces territoires maritimes que l'on dénomme l'Acadie, pays qui ne correspond dans la réalité à aucun découpage national ou administratif réel mais dont l'unité indéniable pour les populations francophones dérive d'une histoire commune – basée notamment sur le souvenir des déportations de masse subies lors du Grand Dérangement entre 1755 et 1763. L'identité acadienne francophone est donc ancienne et s'est affirmée sur la base de revendications de type nationaliste dès les années 1860, plus tôt que toutes les autres communautés francophones au Canada, et surtout avant que l'État fédéral ne diffuse dans les provinces maritimes son propre discours nationaliste canadien (Belliveau 2017 : 171–173 ; 192–193).

Aujourd'hui, si la présence de populations francophones est résiduelle aussi bien dans le Maine qu'en Nouvelle Ecosse et sur l'Ile du Prince Edouard (entre 3 et 5 % de la population totale), le Nouveau-Brunswick comprend en revanche une importante minorité francophone (32 %). Aujourd'hui, cette dernière province est également la seule du Canada à être officiellement bilingue, permettant notamment de communiquer avec tous les services du secteur public dans les deux langues. La population francophone du Nouveau-Brunswick est située principalement dans le Nord et dans l'Est – en particulier dans la capitale de la province, Moncton. Les pratiques langagières des locuteurs sont caractérisées par leur hétérogénéité puisque le français acadien, variété traditionnellement parlée et dotée d'une forte légitimité à l'oral côtoie le français standardisé utilisé par les institutions, notamment l'école, et dans les situations requérant un certain degré de formalité. Enfin, signalons le *chiac*, mélange de codes anglais-français de plus en plus employé comme vernaculaire par les jeunes locuteurs francophones de l'agglomération de Moncton.

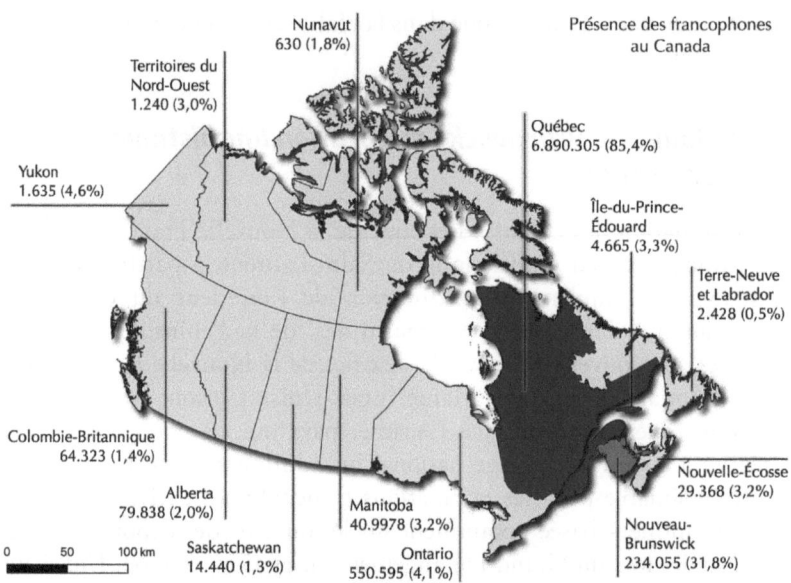

Carte 6 : Présence des francophones au Canada par provinces (Mezzapelle D., source : Statistique Canada).

Quant à la variété de français acadien, elle présente un certain nombre de caractéristiques – dont de nombreux archaïsmes – lexicales, phoniques et morphosyntaxiques qui se différencient du français pratiqué au Québec ou ailleurs au Canada. En particulier,

> c'est la désinence verbale en *-ont* et en *-iont* (au présent *ils jouont*, à l'imparfait *ils aimiont*), qui sert le plus souvent d'exemple pour illustrer le français acadien, variante très commune, répandue dans les trois provinces maritimes et en usage alterné avec les formes du standard (Boudreau 2019 : 75).

4.3.3 Québec : politique, langue, identité

La langue et l'identité

L'histoire du Québec, seule province du Canada à être majoritairement peuplée de francophones, est indissociable du fait linguistique – on renvoie à Plourde (2008) pour une mise en perspective historique.

Après la cession des territoires français d'Amérique du Nord à l'Angleterre (1763), les populations francophones catholiques se retrouvent séparées de l'ancienne métropole et vivent dans un triple isolement linguistique, religieux et rural, les populations anglophones anglicanes exerçant une certaine suprématie économique dans les milieux urbains.

Cet isolement n'est pas sans influencer la langue, qui suit une évolution différenciée : alors que la France connait la Révolution française – où la bourgeoisie parisienne impose une nouvelle norme linguistique de référence – le Québec reste sans une véritable élite intellectuelle hormis le clergé, c'est-à-dire sans un véritable modèle linguistique.

C'est à partir des années 1960, avec la « Révolution Tranquille », que s'impose une réflexion collective sur l'identité québécoise en relation à la langue française et que se développe le débat sur la norme de langue à adopter (Vézina 2009 : 43) : faut-il adopter la norme française, exogène, au risque de perdre son identité, ou au contraire légitimer le français parlé au Québec, avec le risque de se couper du reste de la francophonie ? En fait, les Québécois sont les premiers dans la francophonie à prendre conscience de leur insécurité linguistique aussi bien face à l'omniprésence de l'anglais que face au prestige écrasant de la norme du français de France – dans les faits norme exogène – sur l'ensemble du monde francophone (Bouchard 2002 ; Laurendeau 2007).

Finalement, la société québécoise s'est dotée au cours des 50 dernières années d'une véritable norme de français québécois standard en situation formelle (Ostiguy & Tousignant 2008) relativement proche du français international mais qui conserve un certain nombre de spécificités du triple point de vue phonologique, lexical et morphosyntaxique.

La survie du français : démographie, immigration, francisation

L'un des enjeux de la survie des francophones en Amérique du Nord et surtout au Québec est avant tout de type démographique. Jusque dans les années 1950, les Franco-québécois conservent un taux de natalité très élevé, ce qui assure d'une certaine manière la survivance du groupe francophone malgré un exode inexorable vers le monde anglophone ; or, à partir de la Révolution Tranquille dans les années 1960, non seulement le taux de natalité chute, mais on prend conscience du fait que les immigrés s'intègrent presque exclusivement à l'anglophonie, faisant craindre pour l'avenir du fait français.

L'interventionnisme étatique en matière linguistique, notamment avec la Loi 101, vise à imposer la langue française dans tous l'espace social, à franciser les migrants nouvellement arrivés et à scolariser en français leurs enfants, et enfin à sélectionner l'origine des candidats à l'immigration en vue de leur intégration linguistique. Il s'agit d'un cas unique en Amérique du Nord, l'objectif déclaré d'assurer « la pérennité du fait français » (Gouv. Québec 1990 : 12–15) faisant l'objet d'un consensus transversal qui touche l'ensemble des partis politiques (Anctil 2005 : 48–49).

Le sujet est particulièrement sensible sur l'agglomération montréalaise, où se concentre d'une part 60 % de la population mais aussi l'ensemble des populations anglophones et allophones – nouveaux migrants.

La Loi 101 ou Charte de la Langue française

La Loi 101 a été adoptée en 1977 par le gouvernement du Parti Québécois nouvellement arrivé au pouvoir. Son objectif est d'imposer l'usage du français dans tous les espaces de la vie publique : langue du travail, de l'enseignement, de l'affichage, de l'administration, de la santé, du commerce.

> Langue distinctive d'un peuple majoritairement francophone, la langue française permet au peuple québécois d'exprimer son identité. L'Assemblée nationale [...] est donc résolue à faire du français la langue de l'État et de la Loi aussi bien que la langue normale et habituelle du travail, de l'enseignement, des communications, du commerce et des affaires [...] dans un esprit de justice et d'ouverture, dans le respect des institutions de la communauté québécoise d'expression anglaise et celui des minorités ethniques, dont elle reconnaît l'apport précieux au développement du Québec (*Charte de la Langue française*, 1977. Préambule, extrait).

Déclarée inconstitutionnelle par l'État fédéral suite à la promulgation en 1982 de la Charte canadienne des Droits et des Libertés, la Loi 101 a donné lieu à de nombreux réajustements législatifs tout au long des 40 dernières années. Elle a permis une réelle francisation de l'État et de la vie publique du Québec, mais n'a obtenu que des résultats mitigés quant à l'intégration des nouveaux migrants, l'un des réels enjeux de l'avenir du français dans la région métropolitaine de Montréal.

Récemment, l'adoption de la Loi 96, au printemps 2022, dont le but est de modifier la Loi 101 pour renforcer les contraintes d'utilisation du français au travail, en particulier dans le secteur privé, témoigne bien du fait que le débat politique autour de l'avenir du français n'a rien perdu de son actualité.

4.4 France : monolinguisme d'État et langues de France

Par « langues de France », on entend toutes les langues régionales ou minoritaires parlées par des citoyens français depuis suffisamment longtemps pour être considérées comme faisant partie du patrimoine de l'État français.

On distingue d'une part les langues territorialisées : en métropole, l'alsacien, le basque, le breton, le catalan, le corse, l'occitan ; et en outre-mer notamment les langues polynésiennes et le kanak, les langues amérindiennes de Guyane, ainsi que les différents créoles (réunionnais, guadeloupéen, martiniquais, guyanais). D'autre part, on reconnait

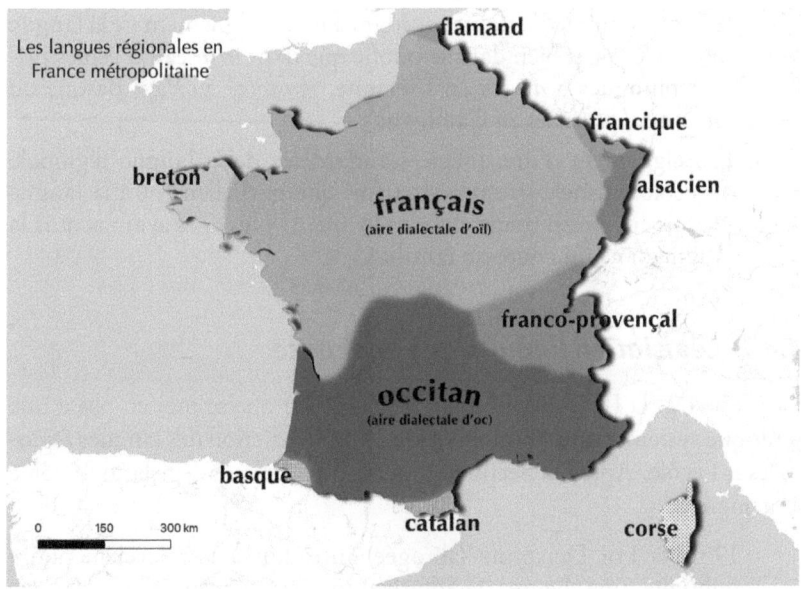

Carte 7: Langues régionales en aires de diffusion en France métropolitaine (Mezzapelle D., source : Cerquiglini 2003).

également les langues non-territorialisées : l'arabe maghrébin et ses différentes variantes, l'arménien occidental, le berbère, le judéo-espagnol, le romani, le yiddish et la LSF (Langue des signes française).

4.4.1 Langues régionales, état des lieux

Le nombre de locuteurs des langues territorialisées est difficile à établir, dans la mesure où les enquêtes ne permettent pas de distinguer entre comportements avérés et comportements déclarés. On évalue cependant à environ 2 millions de personnes le nombre de locuteurs actifs d'une langue régionale en métropole, les régions où ces langues régionales se maintiennent davantage étant l'Alsace et la Corse.

Parmi les éléments qui font craindre pour l'avenir de ces langues, citons :

1. l'âge avancé de ceux qui les parlent – le locuteur type est un rural de plus de 50 ans – et l'arrêt de la transmission familiale ;
2. la stigmatisation dont ces langues ont fait l'objet pendant plusieurs générations, encore bien présente dans les esprits ;
3. le faible nombre d'enfants accédant à un enseignement de la langue régionale, aussi bien dans le public que dans le réseau d'écoles privées bilingues – *diwan* en Bretagne, *ikastolak* au Pays Basque ou encore *calandrettes* en Catalogne ;
4. l'enseignement d'une forme standardisée de la langue régionale à l'école qui ne correspond parfois que partiellement à la langue parfois encore en usage chez les locuteurs plus âgés ayant acquis la langue dans un contexte familial.

4.4.2 Législation linguistique en France

C'est sous la IIIème République (1871–1939) que se met en place une politique systématique de francisation et d'interdiction des langues régionales à l'école. Après la Seconde Guerre mondiale, la législation évolue lentement :

- 1951, la Loi Deixonne (abrogée) introduit à l'école élémentaire publique une heure (facultative) d'enseignement d'une langue régionale. Ces langues sont initialement au nombre de 4 (breton, catalan, basque, occitan), auxquelles s'ajoutent le corse (1974), le tahitien (1981) et les langues mélanésiennes (1992). Autre avancée du point de vue pédagogique, la loi autorise le recours à la langue régionale de la part du maitre d'école pour favoriser l'apprentissage du français.

- 1975, la Loi Haby (abrogée) autorise l'organisation d'un enseignement d'une langue régionale tout au long de la scolarité.
- 1975, la Loi Bas-Lauriol (abrogée) relative à l'emploi de la langue française dans l'espace public entend protéger le français et lutter contre les anglicismes.
- 1994, la Loi Toubon règlemente ultérieurement l'emploi de la langue française dans l'espace public, toujours afin d'assurer la protection du français et de lutter contre les anglicismes.

Aujourd'hui encore, la survie des langues régionales à moyen ou long terme ne semble pas garantie d'une part parce que l'impact de leur enseignement ne semble pas compenser la baisse du nombre de locuteurs, et d'autre part parce que le législateur rechigne à s'investir en ce sens. Preuve en est, depuis près de 30 ans, le refus de l'État français de ratifier la Charte européenne des Langues régionales et minoritaires (1992), quelle que soit la majorité politique au pouvoir, l'argumentaire déployé étant le même d'un bout à l'autre du spectre politique (Roger & De Bres : 2017). En effet, la ratification de la Charte du 7 mai 1999 fut invalidée le 16 juin suivant par le Conseil constitutionnel, en un temps record. A ce jour, aucun gouvernement ne s'est sérieusement engagé à nouveau sur cette voie, à cause du risque de communautarisation et de balkanisation qu'induirait toute remise en cause du culte monolingue,

> en ce qu'elle [la Charte] confère des droits spécifiques à des groupes de locuteurs de langues régionales ou minoritaires, à l'intérieur de « territoires » à l'intérieur desquelles elles sont pratiquées, porte atteinte aux principes constitutionnels d'indivisibilité de la République, d'égalité devant la loi, et d'unicité du peuple français. [...] ces principes s'opposent à ce que soient reconnus des droits collectifs à quelque groupe que ce soit, défini par une communauté d'origine, de culture, de langue ou de croyance (Gaquin 2005 : 282–283).

Pour approfondir, on renvoie à Cerquiglini (2003) et à Dotte *et al.* (2012).

4.5 Liban : usages et superposition des langues

L'implantation du français au Liban débute au XVII° siècle sous l'impulsion d'ordres religieux qui installent progressivement des écoles à travers le pays. Le mouvement se poursuit au XIX° avec la création de collèges et de l'université Saint-Joseph à Beyrouth en 1875. Contrairement à la majorité des autres aires francophones non européennes, la présence du français dans le pays n'est donc pas le résultat direct d'une expérience coloniale *stricto sensu*, et l'on considère parfois que c'est plutôt la francophonie libanaise qui aurait conduit au mandat français en 1920, alors que la présence britannique s'est imposée plus au sud (Montenay 2011 : 76).

Dans le contexte familial, la très grande majorité de la population parle l'arabe levantin, ou arabe syro-libanais, même s'il existe de nombreuses minorités linguistiques – en particulier arménienne et kurde. L'arabe classique d'abord et la langue française ensuite sont également très répandus comme langues de culture, et près de la moitié de la population déclare avoir une connaissance fonctionnelle de cette dernière. Traditionnellement, le français est lié à la présence chrétienne, notamment maronite, majoritaire dans le pays, alors que les musulmans sunnites et chiites sont davantage arabophones et tournés vers l'anglais. La guerre civile des années 1975–1989 a cependant remis en cause cette confessionnalisation de l'usage des langues : parmi les changements advenus, le retour au pays d'une importante partie de la diaspora chiite qui s'était installée au Canada et en Afrique francophone, tout comme le refus de recourir à l'anglais par cette même communauté pour des raisons de politique internationale, ont contribués à une sorte de renforcement du français comme langue de l'éducation et de la culture (Kazwini-Housseini 2017).

Aujourd'hui, si l'arabe classique est la seule langue officielle de l'État libanais, le français jouit toujours d'une reconnaissance institutionnelle et reste avec l'anglais l'une des deux langues étrangères privilégiées du système éducatif, tandis que la presse écrite en langue française reste toujours importante, en témoigne l'influence du premier quotidien francophone *L'Orient-Le Jour* (Makki 2007 : 166–167). Malgré cela, le développement des liens économiques, financiers et migratoires avec les pays arabes anglophones de la région risque de remettre en cause, à terme, l'équilibre de ce trilinguisme arabe-français-anglais (Montenay 2011 : 76–77).

4.6 Maghreb : politiques d'arabisation et plurilinguisme

Même s'ils partagent avec le Liban une appartenance commune au monde arabe, les pays du Maghreb ont connu, pour des durées et à des degrés divers, une longue période de domination de la part de la France, qui est à l'origine de la présence de la langue française dans les pays du versant sud-ouest de la Méditerranée. Cette présence se juxtapose à un substrat linguistique lui-même riche et reste d'autant plus problématique là où les conséquences du joug colonial ont été les plus fortes.

4.6.1 Les langues en co-présence

Le contexte sociolinguistique du Maghreb – que l'on a choisi de limiter ici au Maroc, à l'Algérie et à la Tunisie par soucis d'unité thématique – est suffisamment complexe pour que certains spécialistes évoquent la situation des locuteurs à l'égard des langues de leur répertoire communautaire en termes de di-pluriglossie (Miller 2009 : 146).

Dans les trois pays du Maghreb, l'arabe classique est resté très longtemps la seule langue officielle. Aujourd'hui, le berbère jouit cependant d'une reconnaissance récente : d'abord au Maroc, où l'amazighe a été officiellement reconnu comme faisant partie du patrimoine de tous les Marocains en 2011, ensuite en Algérie avec la promotion du tamazight comme langue officielle en 2016. Dans ces deux pays toutefois, l'investissement de l'État dans la promotion du berbère reste peu incisif. Quant à la Tunisie, où la présence des dialectes berbères est résiduelle, elle maintient encore aujourd'hui un monolinguisme officiel.

Ce monolinguisme d'État dans les faits ignore les autres langues présentes dans l'espace maghrébin :

- les dialectes arabes maghrébins régionaux (oralité) ;
- l'arabe médian ou *darija* dans ses versions nationales et supranationale maghrébine – parlé par la population et toujours plus présente à l'écrit sur les réseaux sociaux – dont l'emploi se répand dans les situations orales de formalité, notamment chez les journalistes ou les hommes politiques, mais qui suscite de vifs débats quant à sa possible utilisation en classe dans les toutes premières années de scolarisation (Caubet, Miller 2016) ;

- l'arabe classique ou littéraire, employé à l'écrit ou dans certaines formes cérémonieuses d'oralité ;
- le français enfin, présent dans l'espace social à différents degrés selon les pays.

Ainsi, si l'arabe dialectal maghrébin parlé par l'ensemble de la population n'est pas « unifié » et varie d'une région à l'autre, il assure cependant une relative intercompréhension entre locuteurs. De la même manière, le berbère est lui aussi divisé en plusieurs ensembles dialectaux. Les berbérophones sont très nombreux au Maroc où ils forment environ la moitié de la population, mais également en Algérie où ils comptent pour environ 25 % des Algériens. Ils ne représentent en revanche que moins de 3 % de la population tunisienne.

4.6.2 Le français et l'arabe depuis les indépendances

Dans aucun de ces pays, le français n'est reconnu comme langue officielle, même si une partie de l'enseignement, de l'administration, des médias et de l'État fonctionnent dans les faits en français. La politique d'arabisation après les indépendances, plus ou moins poussée selon les pays, a eu pour effet de multiplier les registres de l'arabe, notamment avec l'arrivée massive d'enseignants venus du Machrek – notamment de Syrie et d'Egypte – lors de la reconversion des systèmes scolaires du français à l'arabe, mais aussi avec le développement de médias régionaux et nationaux en langue arabe. En effet, tant les dialectes maghrébins que l'arabe classique ou littéraire ne purent revêtir un rôle de médium de l'enseignement : les premiers parce que limités à une fonction de vernaculaires oraux à diffusion géographiquement limitée, le second parce qu'insuffisamment diffusé et linguistiquement trop éloigné des variantes maghrébines.

Il s'est donc développé au Maghreb au cours des 50 dernières années un arabe médian moderne, appelé aussi darija, correspondant à la langue parlée dans les situations formelles et utilisée en particulier par les médias radiophoniques et audiovisuels.

> La démocratisation de l'enseignement et l'accès aux médias ont favorisé un contact accru avec l'arabe standard (à l'écrit comme à l'oral) qui s'est traduit par la diffusion de nouveaux registres stylistiques brouillant les frontières

entre arabes vernaculaires et arabe standard. [...] L'expansion de l'arabe médian (oral ou écrit) témoigne que les politiques d'arabisation ont porté leurs fruits à un certain degré même si l'évolution ne va pas dans le sens hégémonique voulu par les puristes. La langue de la presse, de la littérature, et plus encore des nouveaux supports Internet a considérablement évolué sur le plan syntaxique et lexical (*ibid.* : 149).

En fait, les politiques d'arabisation ont été plus drastiques en Algérie qu'au Maroc, dont l'approche a été plus pragmatique, alors que la Tunisie a toujours tenté de procéder dans cette voie sans renoncer explicitement à l'héritage francophone. Dans les trois États maghrébins cependant, Laroussi (2003) a bien montré la relation idéologique précise existant entre politiques linguistiques et tentatives de construction d'un sentiment d'identité nationale. Cette sorte de jacobinisme linguistique explique d'une part l'imposition de l'arabe, en particulier comme langue d'enseignement à l'école – et avec des résultats parfois très mitigés ; et d'autre part le refus jusqu'à très récemment de reconnaitre la langue des populations berbérophones, par peur de favoriser une fragmentation de l'unité nationale.

Aujourd'hui encore, même si son avenir ne semble pas compromis, notamment à cause des limites montrées par le processus d'arabisation, l'utilisation du français reste problématique en Algérie, d'une part à cause des traumatismes engendrés par la colonisation, et d'autre part du fait de l'instrumentalisation politique dont les langues font l'objet entre les différentes factions se disputant le pouvoir (Soukehal 2011 : 50–52).

4.7 Suisse : langues et territorialisation

La Suisse compte trois langues officielles au niveau fédéral, allemand, français, italien, et 4 langues nationales – les mêmes que précédemment auxquelles s'ajoute le romanche.

Si l'État fédéral est officiellement plurilingue, les cantons peuvent en revanche être monolingues ou bilingues, à l'exception du Canton des Grisons (trilingue allemand, romanche, italien). Les cantons bilingues sont cependant eux-mêmes subdivisés en communes monolingues – sauf rares exceptions – ce qui fait que la Suisse, à l'instar de la Belgique, applique dans les faits le principe de territorialisation des langues.

4.7.1 L'aire germanophone

Dans l'aire germanophone, qui recoupe la plus grande partie du territoire et compte la majorité des cantons, la langue officielle est l'allemand standard (*Hochdeutsch*) alors que la langue parlée est le suisse allemand, le *schwiizerdütsch*, ce dernier étant fragmenté en diverses variations dialectales entre lesquelles il n'existe toutefois pas de problèmes d'intercompréhension.

On assiste donc à une situation de diglossie puisque la langue des institutions et de l'école est l'allemand standard, tandis que le *schwiizerdütsch* est omniprésent dans la rue, sur les lieux de travail et dans un nombre croissant de produits culturels radiophoniques et audiovisuels.

Notons que les écoliers des cantons francophones ou italophones apprennent l'allemand standard comme langue étrangère, et non la langue vernaculaire de leurs concitoyens germanophones.

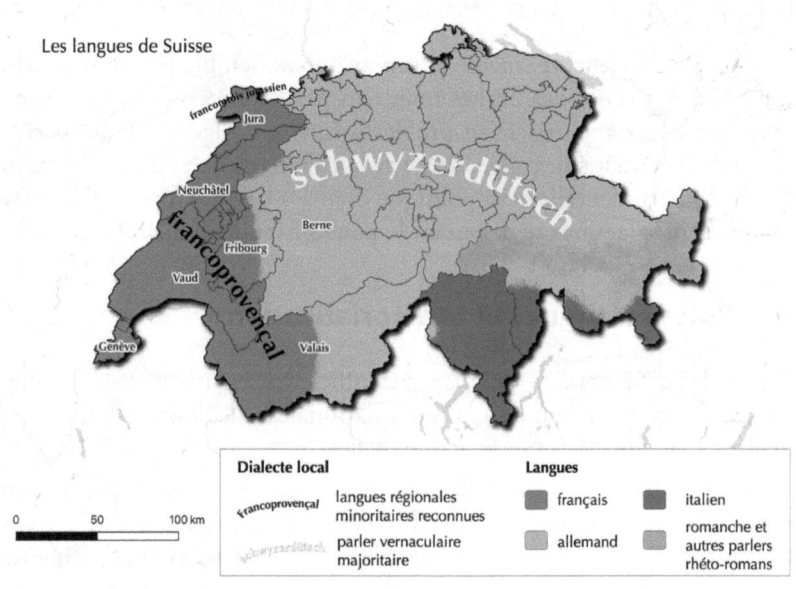

Carte 8: Les langues de Suisse : langues institutionnelles, langues parlées (Mezzapelle D., sources : Office Fédéral de la Statistique ; Gross 2004 ; Brohy 2022).

4.7.2 L'aire francophone

En Suisse romande, comme ailleurs dans le domaine francophone, les locuteurs sont sujets à une insécurité linguistique diffuse dans la mesure où le français « parisien » est perçu comme modèle de langue de référence dans les situations de formalité ou dans la communication avec d'autres francophones, les formes régionales faisant l'objet de jugements (auto)dépréciatifs caractéristiques des locuteurs « périphériques » (Prikhodkine 2011).

Des études récentes attestent toutefois d'une baisse du sentiment d'infériorité et d'insécurité linguistiques qui ne seraient plus prépondérants chez les jeunes générations (Heyder 2015), témoignant ainsi d'un « rapatriement » de la norme de français référence et d'un mouvement de valorisation du régiolecte, y compris dans plusieurs domaines de la langue formelle. Signalons que l'insécurité linguistique est également causée par le poids de la langue allemande – poids économique, démographique et politique – comme l'indique la crainte d'une contamination de la langue quotidienne par les germanismes (Matthey 2003 : 99).

Enfin, il faut mentionner la présence du francoprovençal, à l'origine parlé dans tout l'espace romand, et aujourd'hui encore largement présent dans les cantons de Fribourg et du Valais, tout comme en Vallée d'Aoste, alors qu'il a pratiquement disparu en France, ainsi que du francomtois – ou jurassien – dialecte de la famille des langues d'oïl, dans le canton du Jura.

4.8 Vallée d'Aoste : langues officielles et langues réelles

Région officiellement bilingue italien-français, le répertoire linguistique de la Vallée d'Aoste est en réalité plus complexe.

S'il est vrai que le français est d'implantation ancienne – il devient la langue officielle du Duché de Savoie dans la seconde moitié du XVIème siècle – il reste jusqu'à la fin du XIXème siècle la langue de l'élite, des actes officiels, de l'éducation et de la liturgie, auréolée du prestige conféré par l'usage de l'écrit et par la littérature en langue française. Parallèlement, la population valdotaine continue de parler majoritairement les dialectes francoprovençaux dans la plupart des situations sociales, vivant dans une situation de diglossie où le français constitue la variété acrolectale.

Le passage de la Vallée d'Aoste à l'Italie et le processus d'italianisation entamé au lendemain de l'Unité du nouvel État marque le début du déclin du français, qui s'accélère avec les politiques linguistiques anti-francophones du régime fasciste : abolition de l'enseignement du français, italianisation de la toponymie, immigration massive de populations italophones, interdiction de l'usage du français dans l'espace social. Le statut d'autonomie et le bilinguisme officiel accordés par la Loi constitutionnelle 4/1948, qui prévoit notamment la possibilité de réintroduire le français comme discipline d'enseignement – mesure guère appliquée au-delà de l'école élémentaire – n'enraye pas le déclin de ce dernier. Aujourd'hui le français est donc réduit à une présence résiduelle et symbolique et ne constitue plus la langue-toit du francoprovençal (Fondation Chanoux 2003 : 7–9 ; Spagna 2017 : 208–209).

La situation sociolinguistique de la Vallée est connue grâce à l'enquête menée par la Fondation Emile Chanoux en 2001 : 97 % de personnes déclarent connaitre l'italien, 78 % le français et 58 % le francoprovençal. A ces trois langues principales s'ajoutent le piémontais – 30 % des répondants affirment le connaitre – et les variétés alémaniques parlées par 78 % des habitants des villages de la communauté walser. Ce plurilinguisme idyllique doit cependant être relativisé : plus de 70 % des Valdotains déclarent également avoir l'italien comme langue maternelle, contre 16 % le « patois » francoprovençal et moins de 1 % le français. Il faut ajouter à cela que la connaissance du français est acquise durant la scolarisation dans le cadre d'un enseignement de langue étrangère, et que la majorité des locuteurs *jugent de façon pour le moins sévère leur compétence langagière en français* (Cavalli 2003 : 140). Enfin, les études portant sur les représentations linguistiques ont montré les difficultés de nombre de locuteurs valdotains à avoir une perception à la fois objective et positive de leurs pratiques langagières plurielles (Coletta 2003 : 580–581).

Cette dernière observation semble faire écho à l'absence de perspective de la part de l'État italien lui-même, puisque celui-ci, tout en maintenant le bilinguisme officiel italien-français tel qu'il fut imaginé au lendemain du fascisme, n'a concédé au francoprovençal qu'une reconnaissance largement symbolique comme celle octroyée par la Loi 482/1999, qui spécifie que :

> la République protège la langue et la culture des populations albanaise, catalane, germanique, grecque, slovène et croate, et de celles qui parlent le français, le francoprovençal, le frioulan, le ladin, l'occitan et le sarde (Loi nationale du 15 décembre 1999 n°482, art.2).

En l'absence de changement significatif, l'avenir du plurilinguisme en Vallée d'Aoste s'annonce sombre : la Vallée d'Aoste peut en effet *accepter passivement l'agonie du français et la progressive disparition du francoprovençal, ou bien, changer les choses en fonction du monde nouveau dans lequel elle vit* (Spagna 2017 : 214) en promouvant le capital plurilingue des valdotains dans le contexte de la mondialisation et de l'intégration européenne.

5
Dynamiques de contacts de langues

Par contact de langues, on entend toute situation de co-présence de deux ou plusieurs langues à l'intérieur d'un même environnement social, cette co-présence ayant un impact sur les comportements des locuteurs et/ou de la communauté, et par voie de conséquence sur les pratiques langagières. L'étude des situations de contact de langues peut donc s'entendre avant tout comme l'étude des phénomènes engendrées par la coexistence de langues au sein d'un même répertoire individuel ou sociétal.

Cette partie est consacrée d'une part à la description de ces dynamiques de contacts et des phénomènes linguistiques ainsi générés, et d'autre part à l'analyse des conditions d'émergence et d'usages de nouveaux codes mixtes, que nous illustrerons au moyen de brèves études de cas empruntées à l'Afrique noire francophone et à l'Amérique du Nord.

5.1 Alternance codique (code switching), mélanges de codes (code mixing), créoles

Dans une situation de contacts de langues, on désigne par alternance codique le fait que deux langues ou deux codes linguistiques vont s'alterner et se chevaucher à l'intérieur d'un énoncé voire d'une même phrase – on parle alors d'alternance intraphrastique. Ce phénomène est généralement utilisé pour indiquer des réalisations langagières produites dans un contexte sociétal plurilingue et peut s'appréhender non seulement d'un point de vue grammatical et linguistique, mais aussi du point de vue sociolinguistique. L'observation de l'imbrication des codes au sein d'une conversation permettant de mettre en évidence la relation entre stratégies communicatives individuelles et statut des codes en co-présence, puisque

> in a given bilingual speech community, the conversational patterns of code-alternation and indeed the local meaning given to an instance of code-alternation in a particular context will vary as a function of the status of codes in the repertoire of the community (Auer 2020 : 136).

Deux exemples d'alternances codiques abondamment documentés sont ceux du francolof et du fransango.

5.1.1 Deux cas d'alternance codique : le francolof et le fransango

Même s'il n'est la langue maternelle que d'un quart de la population au Sénégal, le wolof est la principale langue véhiculaire, parlée par 80 % des locuteurs sénégalais. De ce fait, surtout dans les aires urbaines, le français est en concurrence directe avec le wolof dans de nombreux contextes publics d'utilisation. C'est dans ce cadre-là que s'est développé le francolof, un parler mixte qui est le résultat d'une alternance codique de français et de wolof.

Notons que le francolof, comme tous les parlers mixtes, est d'autant plus diffus que les groupes de locuteurs ont une bonne maitrise des deux codes – et par conséquent ici un bon niveau de scolarisation en français.

De façon similaire, le fransango est un parler mixte attesté en République centrafricaine et caractérisé par un phénomène d'alternance codique, à l'intérieur d'un même discours ou d'un même énoncé, de français et de sango.

Ce type de code linguistique existe du fait que le sango est la principale langue véhiculaire, parlée par 90 % de la population centrafricaine, et ce malgré l'existence d'une cinquantaine de langues régionales de diffusion réduite. Par conséquent, dans les aires urbaines et en particulier dans la capitale Bangui, le français est en concurrence directe avec le sango dans de nombreuses situations de communication.

Enfin, à partir des deux cas ci-dessus, on peut remarquer que la présence d'une langue véhiculaire à l'échelle nationale est un facteur favorisant l'émergence de phénomènes d'alternance avec le français (Queffelec 2007 : 279).

5.1.2 Les locuteurs et l'alternance codique

L'alternance de codes a en outre tendance à émerger dans la communication entre jeunes urbains, mais de façon différenciée selon la classe sociale. Dans le cas du francolof par exemple, le rapport entre les deux langues dans les discours est à la fois plus équilibré et plus conscient chez les jeunes ayant reçu une scolarisation plus poussée, alors qu'on observe un poids majeur du wolof dans les réalisations des jeunes issus de milieux populaires parallèlement à une moindre conscientisation du phénomène d'alternance (Juillard 2005). Ce double constat est corroboré par des études conduites sur des communautés francophones nord-américaines en situation de minoration linguistique :

> L'alternance codique met en jeu deux langues distinctes qui maintiennent des grammaires et des lexiques distincts. Les locuteurs les plus doués pour ce phénomène, c'est-à-dire ceux qui changent de langue le plus souvent et qui se permettent d'alterner au milieu d'une phrase, sont généralement très compétents dans les deux langues (Valdman *et al.* 2008 : 21–22).

Enfin, on doit rappeler que les situations générées par les contacts de langues sont dynamiques par nature, ce qui explique au moins en partie pourquoi :

1. premièrement, certains spécialistes n'exploitent pas le concept quand ils décrivent des faits de langues en contexte plurilingue – voir par exemple Daff & Dramé (2016) qui analysent le plurilinguisme sénégalais à travers le prisme du bilinguisme minimal ;
2. deuxièmement, d'autres auteurs préfèrent parler d'alternance codique dans une acception plus large, en référence à toutes les formes de mélanges de langues et sans effectuer de différenciation plus précise (*code-switching*, *code-mixing* ou encore *crossing*), afin de mieux adhérer aux catégorisations que les locuteurs eux-mêmes utilisent dans leurs discours épilinguistiques (Peuvergne 2016 : 146).

5.1.3 Mélanges de codes (code mixing)

Le concept est relativement ample, puisque par mélange de codes, on désigne tout type d'interaction entre deux langues ou codes linguistiques, y compris emprunts et alternance codique, au sein d'un même énoncé, interaction dans laquelle des aspects non seulement lexicaux mais aussi morphosyntaxiques vont s'enchâsser d'une langue à l'autre.

Par exemple, cet extrait tiré d'une chanson du chanteur acadien Cayouche :

> *Si tu bois en <u>drivant</u> / Même si tu as <u>gradué</u> / Tu vas te faire pogner / Par la GRC* (« L'alcool au volant »).

5.1.4 Créoles et pidgins

On considère généralement qu'un créole est un parler qui est apparu et s'est développé dans le cadre d'une économie coloniale esclavagiste, où une main d'œuvre abondante mais d'origines diverses se retrouvait en contact (rarifié) avec la langue du colonisateur. Cette situation de contact a favorisé l'émergence d'un code mixte servant non seulement de véhiculaire mais aussi de vernaculaire. Les créoles sont considérés comme des langues dans la mesure où, dans un cadre familial, ils sont transmis dès la naissance comme langue maternelle.

Différemment, le pidgin est un code linguistique restreint faisant office de véhiculaire entre populations d'origines diverses. Les pidgins ont une utilisation plus réduite que les créoles en tant que vernaculaires, et ne sont pas transmis aux jeunes enfants dans le cadre de la transmission familiale, ce qui fait qu'ils ne peuvent être considérés comme des langues à part entière.

Le créole français le plus diffus est le créole haïtien parlé par plus de 10 millions de personnes, mais il existe aussi des créoles à matrice française dans les Antilles françaises, en Guyane, à la Réunion. Dans certaines réalités urbaines africaines, notamment en Côte d'Ivoire et au Cameroun, certains auteurs considèrent que l'on assiste à un processus de créolisation, c'est-à-dire à l'émergence de nouveaux codes linguistiques, vu d'une part l'absence de véhiculaires autochtones disponibles pour l'ensemble des populations immigrées dans les capitales ou les grandes agglomérations, et d'autre part la fonction de vernaculaire revêtue par ces parlers urbains. La plupart refusent cependant de parler de créoles dans le contexte africain, notamment en référence aux parlers mixtes – nouchi, FPI et Camfranglais – qui se sont développés en Côte d'Ivoire et au Cameroun (Abolou 2010 ; Boutin & N'Guessan 2015).

5.2 Etudes de cas

Les trois situations de mélanges de codes décrites ici ont été choisies parce que d'une part elles ont été abondamment documentées dans de nombreuses études linguistiques et sociolinguistiques au cours des quatre dernières décennies et d'autre part elles illustrent le caractère dynamique résultant du contact de plusieurs codes – trois pour le chiac voire bien plus dans les cas du nouchi et du camfranglais.

5.2.1 Le camfranglais au Cameroun

Le camfranglais est un mélange de code (code mixte ou *code mixing*) répandu dans les milieux urbains du Cameroun. Il est formé d'une matrice française (Graux & Eloundou 2011 : 121) à laquelle se greffent des éléments lexicaux et syntaxiques provenant de l'anglais et de langues autochtones.

L'apparition et le fort développement de ce parler mixte s'expliquent par l'extrême fragmentation linguistique du Cameroun : plus de 280 langues sont en effet recensées par les linguistes, en majorité encore bien vivantes, même si aucune d'entre elles ne saurait prétendre au rôle de véhiculaire à l'échelle nationale. A ce substrat linguistique s'ajoutent deux langues nationales d'origine européenne, français et anglais, à la suite du partage du pays entre deux puissances coloniales – l'État camerounais est aujourd'hui subdivisé en deux provinces anglophones et huit provinces francophones.

A l'origine langue des voyous dans les métropoles de Douala et Yaoundé (*ibid.* 111), ce code mixte s'est ensuite diffusé plus largement pour être utilisé aujourd'hui dans les échanges informels entre jeunes des milieux urbains, favorisé en cela par le fait que plus de la moitié de la population camerounaise a moins de 25 ans.

> Majoritaire, toute cette jeunesse impose une langue complexe qui fusionne constitutivement, outre le français et l'anglais, divers éléments lexicaux, syntaxiques et morphologiques des langues locales. Le camfranglais, qui en découle, semble n'obéir à aucun type de règle puisqu'il évolue et s'enrichit tous les jours, excluant de son champ de communication les personnes âgées et les communications formelles (Onguéné Essono 2016 : 81).

Comme dans la plupart des réalités urbaines africaines, le *continuum* des usages langagiers lié au français est complexe, le français standard diffusé par l'institution scolaire cohabitant avec le français régional et sa variété populaire, elle-même en contact, à l'autre bout du spectre, avec le camfranglais. Cela explique les difficultés de catégorisation ne rendant pas toujours possible de distinguer un code linguistique d'un autre : ainsi, il n'est pas aisé pour les locuteurs eux-mêmes de distinguer la frontière entre français et camfranglais, et il n'est pas rare que des termes considérés comme camerounais soient en réalité des vocables présents dans le français d'Afrique – variété transnationale – voire en français tout court (Telep 2014 : 31 ; 135–136).

> Le camfranglais existe moins par des traits spécifiques que par le regard porté sur lui – que ce soit par ses locuteurs ou par ses auditeurs (ou lecteurs) camerounais, qu'ils soient eux-mêmes locuteurs ou non de camfranglais. Du point de vue fonctionnel, si sa fonction vernaculaire subsiste, le camfranglais est en voie de véhicularisation, susceptible de faire concurrence au français et au pidgin-english dans leur fonction véhiculaire (ibid. 2014 : 136).

Ce cadre est en réalité encore plus complexe puisque les recherches sur le terrain démontrent que la fonction cryptique originelle de ce parler mixte – ou parler hybride – n'a pas disparu, le camfranglais étant à la fois un réseaulecte crypté propre à la petite délinquance et un sociolecte générationnel à forte valeur identitaire en passe de devenir un véritable véhiculaire urbain dont l'usage se diffuse également hors du Cameroun, comme l'a documenté Siebetcheu (2019) dans le cas de la diaspora camerounaise en Italie. Cette double fonction est rendue possible par la coexistence de deux variétés ou registres de camfranglais, la première plus cryptique et populaire, la seconde de plus large diffusion utilisée par les jeunes scolarisés (Queffelec 2009 : 45).

5.2.2 Le chiac au Nouveau-Brunswick

Le chiac est un mélange de code (code mixte ou *code mixing*) utilisé par les francophones de Moncton, capitale du Nouveau-Brunswick au Canada. A la suite d'un isolement de plus de deux siècles, la langue française dans les provinces maritimes de l'Est canadien a acquis des spécificités lexicales, morphosyntaxiques et phonétiques qui différencient le français acadien aussi bien du français européen que du français québécois, qui représente la variété nord-américaine géographiquement la plus proche.

Le Nouveau-Brunswick compte environ un tiers de sa population francophone, principalement concentrée dans le Nord-Ouest à la frontière du Québec et dans l'Est, notamment au Sud-Est sur l'agglomération de Moncton (Cao *et al.* 2005). En raison de son pouvoir d'attraction, la capitale provinciale ne cesse de voir le poids démographique des francophones s'y renforcer.

Si l'existence du chiac est déjà attestée dans les années 1970, le phénomène est mieux connu à partir des enquêtes des années 1980/90, qui documentent une réalité sociolinguistique aux multiples facettes. Sur le plan linguistique, Moncton se caractérise par un *continuum* linguistique complexe qui est le produit de changements relativement récents (Perrot 2008 : 309) :

1. l'affaiblissement de l'acadien traditionnel, « langue des ancêtres » parlée par la vieille génération mais dont certains traits restent vivaces, même chez les jeunes ;
2. l'intensification du contact avec l'anglais, qui a donné naissance au vernaculaire chiac ;
3. le développement d'un français standardisé, langue des institutions normatives, du système éducatif et des médias et plus généralement des échanges formels.

Alors que les locuteurs francophones les plus anglicisés tendent à pratiquer l'alternance codique, l'émergence et l'utilisation du chiac sont davantage observées dans les aires urbaines à plus forte concentration de francophones, où l'on assiste à un renforcement de la présence du français dans l'espace social, face à l'anglais qui reste cependant le code sociolinguistique dominant. Les études portant sur les représentations linguistiques mettent en évidence la valeur identitaire que représente l'utilisation du chiac comme vernaculaire dans l'espace public pour les jeunes locuteurs francophones de Moncton. Ces discours ne sont paradoxaux qu'en apparence dans la mesure où ce sont bien les locuteurs ayant une meilleure maitrise du français qui vont davantage pratiquer le chiac (Boudreau & Perrot 2010 : 74–76).

Le parler mixte est donc un code linguistique :

1. qui permet aux jeunes de se démarquer à la fois du code dominant (l'anglais) et du code standardisé véhiculé par l'école (le français) ;

2. qui est de plus en plus légitimé dans l'espace social, notamment par les productions artistiques et culturelles qui l'exploitent – musique, médias, littérature ;
3. qui profite du double mouvement d'anglicisation et de refrancisation, les deux codes cohabitant non pas de façon exclusive, mais en tension (Perrot 2014 : 214).

Enfin, du point de vue strictement linguistique, le chiac s'élabore à partir d'une matrice française, elle-même fruit d'un mélange entre les deux variétés de français acadien et de français standardisé, et intègre des éléments de l'anglais, comme l'illustre cet extrait du roman de France Daigle, *Pour sûr* :

> « Y m'avont dit de suire les picots verts jusqu'à une place yousqu'y faullit que je prenis un nombre pis que j'éspairions mon tour. Rendu à la fin des picots verts, y avait déjà un lotte de monde qu'éspairiont. J'ai pensé que j'avais le temps d'aller pour mon blodtesse avant qu'y cawliont mon nom. » Extrait du segment 16.15.11, Monologues non identifiés, *Pour sûr*.

5.2.3 Le nouchi et le FPI (Français Populaire Ivoirien)

Le nouchi est un mélange de code – ou code mixing – répandu à Abidjan et en Côte d'Ivoire et résultant de la co-présence à l'intérieur de mêmes énoncés de français, de dioula et d'autres idiomes autochtones.

Même si la Côte d'Ivoire possède une langue véhiculaire autochtone très diffuse, le dioula, la stigmatisation dont cette langue a fait l'objet de la part du pouvoir notamment dans les années 1970 – en associant opposition politique du nord du pays et langue dioula – n'a pas permis d'exploiter celle-ci dans les communications inter-ethniques (CRR 2004 : 4–5). En outre, bien que le plurilinguisme soit souvent perçu de façon positive, celui-ci suscite des tensions qui conduisent à favoriser le français aux dépens des langues locales non seulement de la part des institutions mais également dans la transmission familiale. Quant à l'institution scolaire et des enseignants, la survalorisation de la variété acrolectale crée des résistances à l'emploi des variétés locales du français (Kouamé 2014).

Ce contexte a favorisé les dynamiques de contacts de langue, générant l'émergence de nouveaux codes linguistiques tels que le nouchi ou l'FPI.

Le nouchi est un mélange de code – ou *code mixing* – répandu à Abidjan et en Côte d'Ivoire et qui résulte de la co-présence à l'intérieur de mêmes énoncés de français, de dioula et d'autres idiomes autochtones. Il s'est développé dans le contexte urbain de la capitale, où l'exode rural massif a mis en contact des populations au répertoire linguistique très différents et sans véhiculaire commun.

En revanche, le FPI est avant tout une variété de français diffusée dans le pays et qui fait office de vernaculaire, surtout en milieu urbain. Il est généralement considéré comme un français endogène populaire, caractérisé au niveau lexical à la fois par des emprunts au substrat linguistique ivoirien – en particulier au dioula – mais aussi par des éléments français ayant changé de sens et/ou de catégorie grammaticale.

Cette variété de français est probablement née dans les années 1970 et s'est d'abord répandue dans les milieux de la petite délinquance de la capitale ivoirienne, avant de se diffuser ensuite à l'ensemble des classes populaires. Les locuteurs – et les chercheurs – ont parfois du mal à distinguer le FPI à la fois du français régional et du nouchi dans leurs discours épilinguistiques :

> La distinction entre ces différentes variétés ne semble pas toujours nette dans certains écrits ni même chez la plupart des Ivoiriens. La confusion la plus récurrente a lieu entre le nouchi et le fpi. […] La confusion est d'autant plus inévitable que nous sommes justement dans le cas typique d'un *continuum* dont le pôle supérieur est constitué par […] « le français de l'élite » (que je désigne ici de « français standard ») et le pôle inférieur par le fpi qui lui-même est composé de plusieurs variétés enchâssées. Entre ces deux pôles et sur un axe horizontal, on pourrait placer le « français ordinaire » assez près du « français standard », et le nouchi plutôt vers le pôle fpi (N'Guessan 2006 : 185–186).

POUR CONCLURE

L'idée à la base de cet ouvrage était de souligner combien la découverte du monde francophone passe d'abord par la maitrise d'outils conceptuels qui permettent d'en décrire correctement la multiplicité et la dynamicité de contextes pluriels et changeants par définition. Les notions illustrées chemin faisant n'ont ainsi été proposées que pour mieux favoriser la compréhension de ces contextes, tant les relations des langues entre elles, et des langues avec les locuteurs – pris dans leur double dimension sociale et individuelle – sont susceptibles de recouvrir des formes aussi variées que changeantes dans le temps.

C'est donc naturellement que la description des phénomènes générés par les contacts de langues s'est imposée en conclusion de l'itinéraire parcouru. La francophonie – ou Francophonie – est caractérisée par sa pluralité, entend-on dire souvent ; or, l'assertion a ses limites en cela qu'elle ne rend compte que de façon partielle de la réalité. La pluralité ne tient pas tant dans la longue liste des différentes langues avec lesquelles cohabite le français ; au contraire, elle est davantage caractérisée par la dialectique qu'entretiennent les individus et les langues dans les différentes communautés sociales, afin d'organiser leur(s) diversité(s) – on reprend à notre compte le mot de Hymes (1991 : 42).

Toutefois, à ces considérations, on ne saurait manquer de faire noter que derrière le carré de métropoles francophones qui avaient été citées en introduction – renvoyant symboliquement aux francophonies nord-américaine, africaine, maghrébine et européenne – une présence de taille faisait défaut, celle de Paris. En effet, l'absence de la première métropole francophone au monde, du point de vue démographique, permet de mieux souligner l'importance des représentations sociales liées à la langue. Paris joue incontestablement un rôle de premier plan – historique, social, culturel, économique – dans la diffusion et l'évolution du français. Mais cette force d'attraction centripète n'est pas sans impacter sur la perception, favorable ou défavorable, que les locuteurs francophones à travers le monde et en France même se font de la langue française. Paris serait le centre de la langue, et la francophonie serait affaire de périphérie : quand l'attraction peut se transformer en répulsion... En effet, les réalités sociales génèrent des représentations sociales, qui à leur tour contribuent à nourrir et à forger ces mêmes réalités, dans un jeu d'influences réciproques.

Dès lors, les outils conceptuels qui ponctuent notre voyage à travers l'espace francophone visent, certes, à une plus précise description des faits de langue sur les différents terrains d'études, mais également une meilleure prise en considération du poids des idéologies linguistiques et des représentations des locuteurs à l'égard du français – et des autres langues en co-présence – dans la construction du réel.

D'ailleurs, ce n'est pas tout à fait un hasard si le thème de l'émergence de nouveaux codes linguistiques dans le cadre des dynamiques de contacts de langues a trouvé sa place précisément en fin de volume. Ces nouvelles formes linguistiques – il est certainement trop tôt dans les exemples choisis pour parler de nouvelles langues – naissent et s'imposent en effet parce qu'à un moment donné des individus, des locuteurs, choisissent d'en jouer, de les modeler, de les utiliser, dans des contextes situationnels d'abord restreints, puis de plus en plus larges. Le choix de ces formes, de ces codes, de ces variantes, est bien le résultat de dynamiques liées aux différents usages langagiers et à leur(s) place(s) dans l'espace social et dans les représentations linguistiques de leurs usagers.

Or, pour conclure par un ultime regard sur l'espace francophone dans son ensemble, on constate que la langue française devient de plus en plus plurielle à mesure que se nouent et se multiplient les contacts qui l'enrichissent avec les écosystèmes linguistiques dans lesquels elle se développe et s'enracine, tandis que le regard des francophones hors de l'Hexagone semblent dans le même temps peu évoluer. Certes, les discours pour promouvoir la diversité et la légitimité des français régionaux se multiplient depuis la fin des années 1990, et nombreux sont ceux qui souhaitent être considérés comme des copropriétaires actifs du français, pour paraphraser Daff (2004 : 94–95). Pourtant, le poids culturel, économique et politique de Paris dans la définition de la norme de référence du français reste finalement peu remis en cause en dehors du cercle des spécialistes.

Mis à part le cas du Québec, la presque totalité du monde francophone ne dispose pas ou peu de descriptions des français régionaux – dictionnaires, grammaires ou autres ouvrages de référence – à destination du grand public ou du monde de l'école. Les représentations d'un français monocentrique ont la vie dure et pendant longtemps encore, pour tout individu non francophone qui voudrait par exemple se préparer à une aventure professionnelle à Yaoundé ou Dakar, il sera difficile d'apprendre le français autrement que sur des manuels et matériels Fle édités à Paris et conçus dans le plus pur respect de la norme franco-française.

BIBLIOGRAPHIE

Abolou, C.R. (2010). « Langues, dynamique des médias audiovisuels et aménagement médiato-linguistique en Afrique francophone », in *Glottopol*, n°14, Janvier, 257–268.

Abric, J.-C. (2011). « Les représentations sociales : aspects théoriques », in Abric, J.-C. (éd.), *Pratiques et représentations sociales*. Paris, France : PUF, Quadrige, Essais Débats, 15–46.

Althusser, L. (1970). *Idéologies et appareils idéologiques de l'État*. (Notes pour une recherche), éd. numérique en ligne, Tremblay, J.-M. (éd.), UQAC, Chicoutimi, Québec (2008).

Anctil, P. (2005). « Défi et gestion de l'immigration internationale au Québec », in *Cités*, 23, 3, PUF, 43–55.

Auer, P. (2020). "The pragmatics of code-switching: a sequential approach", in Li Wei (ed.), *The Bilingualism Reader*, 2nd ed., Routledge, London, 123–138.

Baggioni, D. (1997). *Langues et nations en Europe*. Paris, France : Editions Payot & Rivages.

Bagheri, T. K. (2009). « Etude sur la formation du verlan dans la langue française », in *Pazhuhesh-e Zabanha-ye Khareji*, 53, Special Issue, French, 5–21.

Barontini, A., Caubet, D. (2008). « La transmission de l'arabe maghrébin en France : état des lieux », in Extramania, E., Sibille, J. (éd.), *Migrations et plurilinguisme en France*, Cahiers de l'Observatoire des Pratiques linguistiques, 2, Didier, 43–48.

Belliveau, J. (2017). « Nationalismes périphériques, ethno-nationalisme canadien et chronologie : aux origines du communautarisme acadien », in *Bulletin d'histoire politique*, 26(1), 170–204.

Bellonie, J.-D., Guérin, E. (2010). « Lorsque la réflexion sociolinguistique éclaire la problématique de l'enseignement du FLM… », in Boyer, H. (éd.) (2010). *Pour une épistémologie de la sociolinguistique*. Actes du colloque international de Montpellier. 10–12 déc. 2009. Limoges, France : Lambert-Lucas, 99–105.

Benvéniste, C.-B. (2005). « De la spécificité de l'oral », in Van Deyck, R., Sornicola R., Kabatek J. (éd.). *La variabilité de la langue, I. Les quatre variations.* Communication & Cognition, Studies in Language, Gand, 9, 45–64.

Benvéniste, C.-B. (1990). *Le français parlé. Etudes grammaticales.* Paris, CNRS Editions, Etudes du langage.

Berit, H.A., Malderez, I. (2004). « Le *ne* de négation en région parisienne : une étude en temps réel », in *Langage et société* 1/ (n° 107), 5–30.

Berruto, G. (2002). *Sociolinguistica dell'italiano contemporaneo.* Rome : Carocci (1987).

Billiez, J., Millet, A. (2013). « Représentations sociales : trajets théoriques et méthodologiques », in Moore D. (éd.). *Les représentations des langues et de leur apprentissage. Références, modèles, données et méthodes.* Crédif, Coll. Essais, Didier, France, 31–49.

Blanchet, P. (2011). « La sociolinguistique est-elle une 'interdiscipline' ? », in Petitjean, C. (éd.), *TRANEL*, Université de Neuchâtel, Institut des Sciences du langage et de la communication, Neuchâtel. 53, 13–26.

Blanchet, P. (2013). « Standardisation linguistique, glottophobie et prise de pouvoir », in Ammari H., Rispail M. (éd.), *Langues et pouvoirs*, Cahiers de linguistique, Revue de sociolinguistique et de sociologie de la langue française, 39/1. EME, Bruxelles. 93–108.

Bloomfield, L. (1970). *Le langage, Payot,* Paris, France (1933).

Boeckx, C., Hornstein, N. (2007). « Les différents objectifs de la linguistique théorique », in Brickmont, J., Franck, J. (éd.), *Chomsky.* Paris, France : Ed. Cahiers de l'Herne, 61–77.

Bouchard, C. (2011). *Méchante langue. La légitimité linguistique du français parlé au Québec,* Presses de l'Université de Montréal, Québec.

Bouchard, C. (2002). *La langue et le nombril. Une histoire sociolinguistique du Québec.* Montréal, Québec : Cétuq / Fides, Nouvelles études québécoises, 2° éd.

Boudreau, A. (2019). « À la rencontre de l'autre francophone entre détresse et enchantement. L'exemple de l'Acadie », in *Travaux de linguistique,* 78, 71–92.

Boudreau, A., Perrot, M.-E. (2010). « Le chiac, c'est du français : représentations du mélange français/anglais en contexte inégalitaire », in Boyer, H. (éd.), *Parlures hybrides,* Paris, L'Harmattan, coll. Sociolinguistique, 51–82.

Bourdieu, P. (1983). « Vous avez dit "populaire" ? », in *Actes de la recherche en sciences sociales. L'usage de la parole.* 46, mars, 98–105.

Bourdieu, P. (1982). *Ce que parler veut dire (Langage et pouvoir symbolique).* Paris, Fayard, Points Essais, éd. 2001.

Bourdieu, P., Passeron, J.-C. (1970). *La reproduction, éléments pour une théorie du système d'enseignement.* Les éditions de Minuit, Paris, France.

Boutin, A.-B., N'Guessan, J.K. (2015). « Abidjan, une métropole de plus en plus francophone ? », in *Le français dans les métropoles africaines. Le français en Afrique,* 30. CNRS, Uni. Nice, 30, 173–186.

Boyer, H. (2001). « L'unilinguisme français contre le changement sociolinguistique », in Matthey, M. (éd.), *TRANEL*, Univ. Neuchâtel, Institut des Sciences du langage et de la communication, Neuchâtel, 34/35, 383–392.

Branca-Rosoff, S. (2007). « Les normes du français en situation publique », in Siouffi, G., Steuckardt A. (éds.). *Les linguistes et la norme. Aspects normatifs du discours linguistique.* Berne, Suisse : Peter Lang, Sciences pour la communication, 21–48.

Bretegnier, A. (2010). « Renoncer à la 'communauté linguistique' ? », in Boyer, H. (éd.). *Pour une épistémologie de la sociolinguistique.* Actes du colloque international de Montpellier. 10–12 décembre 2009. Limoges, France : Lambert-Lucas, 107–115.

Brohy, C. (2022). « La *Charte européenne des langues régionales ou minoritaires* et les patois romands : vers une reconnaissance officielle ? », in Sauzet, M., Aquino-Weber, D. (éds.). *La Suisse romande et ses patois. Autour de la place et du devenir des langues francoprovençale et oïlique.* Alphil-PUS, Neuchâtel,, 125–140.

Calvet, L.-J. (1993). *La sociolinguistique.* PUF, Que sais-je ? 6° éd. 2009.

Calvet, L.-J. (1974). *Linguistique et colonialisme. Petit traité de glottophagie.* Petite bibliothèque Payot.

Candea, M. (2021). « Accent », in *Langages et Société*, Hors Série 1, 19–22.

Candea, M. (2020). « Accents et styles de prononciation au prisme de la norme du français », in Cunita, A., Lupu, C. (éds.), *Norma și uz în limbile romanice actuale,* 31, Editura universitatii din Bucuresti, Romanica, 53–65.

Canut, C. (2007). *Une langue sans qualité.* Ed. Lambert-Lucas, Limoges.

Canut, C. (2001). « A la frontière des langues. Figures de démarcation », in *Cahiers d'Etudes Africaines,* 163/164, 443–464.

Cao, H., Chouinard, O., Dehoorne, O. (2005). « De la périphérie vers le centre : l'évolution de l'espace francophone du Nouveau-Brunswick au Canada », in *Annales de géographie*, 642(2), 115–140.

Carayol, M., Chaudenson, R. (1978). « Diglossie et continuum linguistique à la Réunion », in Gueunier, N., Genouvrier, E., Khomsi, A. (éd.), *Les français devant la norme*, Paris, France : Ed. Honoré Champion, Créoles et français régionaux, 175–190.

Castellotti, V., Moore, D. (2002). *Représentations sociales des langues et enseignements. Guide pour l'élaboration des politiques linguistiques éducatives en Europe*. Strasbourg, Division des politiques linguistiques, Division de l'enseignement scolaire, extra-scolaire et de l'enseignement supérieur, Conseil de L'Europe.

Caubet, D., Miller, C. (2016). « Quels enjeux sociopolitiques autour de la darija au Maroc ? », in *Langues et mutations sociales au Maghreb*, Presses Universitaires de Rouen et du Havre.

Cavalli, M. (2003). « Les langues au Val d'Aoste », in Cavalli *et al.* (éd.), *Langues, bilinguisme et représentations sociales au Val d'Aoste*. Rapport de recherche, IRRE-VDA, 75–257.

Cerquiglini, B. (éd.) (2003). *Les langues de France*. Paris, France : PUF.

Chaker, S. (2008). « Que sait-on de la pratique et de la transmission du berbère en France ? », in Extramania, E., Sibille, J. (éds.), *Migrations et plurilinguisme en France*, Cahiers de l'Observatoire des Pratiques linguistiques, 2, Didier, 49–58.

Chambers, J. K., Trudgill, P. (1995). *Dialectology*. Cambridge, UK : Cambridge University Press, 2° ed. (1980).

Chomsky, N. (1971). *Aspects de la théorie syntaxique*. Editions du Seuil, Paris, France (1965).

Coletta, D. (2003). « Conclusions », in Cavalli *et al.* (éd.), *Langues, bilinguisme et représentations sociales au Val d'Aoste*. Rapport de recherche, IRRE-VDA, 579–582.

Condon, S., Régnard, C. (2010). « Héritage et pratiques linguistiques des descendants d'immigrés en France », in *Hommes & migrations*, 1288, 44–56.

CRR (Commission des Recours aux Réfugiés) (2004). *La question dioula et la partition de la Côte d'Ivoire*, Centre d'information géopolitique, Paris.

Daff, M., 2004. « Vers une francophonie africaine de la copropriété et de la cogestion linguistique et littéraire », in *Glottopol*, Revue de sociolinguistique en ligne, 3, janvier, Université de Rouen, France, 88–95.

Daff, M. & Dramé, M. (2016). « Dakar, métropole et capitale de la stabilisation du plurilinguisme dominant au Sénégal », in *Le français dans les métropoles africaines*. Le français en Afrique, 30. CNRS, Uni. Nice, 30, 151–161.

Daigle, F. (2011). *Pour sûr*. Boréal, Québec.

Daugmaudyté, J., Këdikaitë, D. (2006). « Le langage SMS dans le français », in *Kalbotyra*, 56(3), 39–47.

De Mauro, T. (1977). "Il plurilinguismo nella società e nella scuola italiana", in Raffaele, S., Giulianella, R. (éd.), *Aspetti linguistici dell'Italia contemporanea*, Atti dell'VIII Congresso internazionale di Studi, SLI. Rome : Bulzoni, 87–102.

Dotte, A.-L., Muni Toke, V., Sibille, J. (éd.) (2012). *Langues de France, langues en danger : aménagement et rôle des linguistes*. Cahiers de l'Observatoire des pratiques linguistiques, 3, Didier.

Encrevé, P. (1983). « La liaison sans enchaînement », in *Actes de la recherche en sciences sociales. L'usage de la parole*, 46, mars, pp. 39–66.

Encrevé, P. (1977). « Présentation : Linguistique et socio-linguistique », in *Langue française*, 34, 3–16.

Ferguson, C.A. (1973). "La diglossia", in Giglioli (éd.), *Linguaggio e società*, Bologna, Il Mulino (1972), 281–299.

Fioux, P., Robillard, D. de. (1996). « Français régionaux et insécurité linguistique. Essai de synthèse et de mise en perspective », in Bavoux, C. (éd.). *Français régionaux et insécurité linguistique*. Paris, France : L'Harmattan / Université de la Réunion, 181–191.

Fondation Emile Chanoux (2003). *Une Vallée d'Aoste bilingue dans une Europe plurilingue / Una Valle d'Aosta bilingue in un'Europa plurilingue*. Aoste.

Francard, M. (2010). « Variation diatopique et norme endogène. Français et langues régionales en Belgique francophone », in *Langue française*, 2010/3 (167), France, Armand Colin, 113–126.

Francard, M. (1993). « Trop proches pour ne pas être différents. Profils de l'insécurité linguistique dans la Communauté française de Belgique », in Francard, M. (éd.) *L'insécurité linguistique dans les communautés francophones périphériques*. Actes du colloque de Louvain-la-Neuve, 10–12 novembre 1993. Vol.1. Louvain-la-Neuve, Peeters, 19. 3–4, 61–70.

Gadet, F. (2007). *La variation sociale en français*. Ophrys, Paris.

Gal, S., Irvine, J.T. (1995). "The boundaries of languages and disciplines: how ideologies construct difference", in *Social Research*, vol.62, 4, winter, 967–1001.

Gaquin, A. (2005). « Une France plurilingue ? », in *The French Review*, vol.79, 2, December, 278–294.

Gasquet-Cyrus, M. (2010). « L'accent : concept (socio)linguistique ou catégorie de sens commun ? », in Boyer, H. (éd.) (2010). *Pour une épistémologie de la sociolinguistique*. Actes du colloque international de Montpellier. 10–12 déc. 2009. Limoges, France : Lambert-Lucas, 178–188.

Gervais, D. (2003). « Le français au Québec », in Argod-Dutard F. (éd.), *Quelles perspectives pour la langue française ?*, Presses Universitaires de Rennes, Coll. Interférences, 219–228.

Goudailler, J. (2002). « De l'argot traditionnel au français contemporain des cités », in *La linguistique*, vol. 38(1), 5–24.

Gouvernement du Québec (1990). *Bâtir ensemble le Québec : Énoncé de Politique gouvernementale en matière d'immigration et d'intégration*, Québec, Ed. Gouvernement du Québec.

Graux, E.N.N., Eloundou, V.E. (2011). « Les parlers urbains et la transmission des situations linguistiques : le cas du camfranglais au Cameroun », in *Ponti / Ponts*, 11. Centres villes, villes, bidonvilles, LED, 109–122.

Grégoire, M. (2012). *Signifiant et frontières sociolinguistiques : les cas du verlan et du vesre*. Archives ouvertes.fr, ffhal-00926756f.

Gross, M. (2004). *Romanche. Facts & Figures*. Lia Rimantscha, Coire.

Gumperz, J.J. (1966). « On the ethnology of Linguistic Change », in Bright W. (éd.), Sociolinguistics, Mouton, La Haye : 27–38.

Haas, W., Genton, F., Elmiger, D. Matthey, M. (2020), « Bipolarité et continuum : quelle place pour ces notions dans une théorie sociétale des contacts de langues ? », in *Langage et société*, 171, 101–118.

Halaoui, N. (2001). « Législations et langues d'enseignement en Afrique noire », in Fleiner T., Nelde P. H., Turi J.-G. (éd.), *Droit et langue(s) d'enseignement : 4° conférence internationale sur le droit et la langue*, Université de Fribourg (14–17 sept. 1994), Bâle, Suisse : Helbing et Lichtenhahn, 113–130.

Heyder, K. H. (2015). « "C'est un français horrible !" vs. "C'est notre identité." » : Empirische Ergebnisse zum Sprachverhalten, zum Sprachbewusstsein und zur Sprecheridentität Jugendlicher in der Suisse romande », in *Bulletin VALS-ASLA*, n° spécial, t.3, 31–51.

Hymes, D. H. (1991). *Vers la compétence de communication.* Paris, France : Hatier / Didier, coll. Langues et apprentissage des langues.

Jodelet, D. (1989). « Représentations sociales : un domaine en extension », in Jodelet, D. (éd.), *Les représentations sociales*, Paris, France : PUF, Sociologie d'aujourd'hui, 31–61.

Juillard, C. (2005). « Hétérogénéité des plurilinguismes en Afrique à partir du terrain sénégalais », in *La linguistique*, 2, 41, PUF, 23–36.

Kazwini-Housseini, A. (2017). « Liban: tendances actuelles, s'il en est, d'une « francophonie chiite » ou d'un lien entre langue et politique », in *Travaux et jours*, 90, 113–139.

Klinkenberg, J.-M. (2017). « La francophonie comme idéologie. Mythes et réalités d'un discours sur la diversité culturelle », in *Revue de l'Université de Moncton*, 48(1), 11–39.

Kouamé, J.-M.K. (2014). « Les défis de la gestion du plurilinguisme en Côte d'Ivoire », in *Le français à l'université*, 19, 03.

Labov, W. (1992), « La transmission des changements linguistiques », in *Langages*, 108, 16–33.

Labov, W. (1976). *Sociolinguistique.* Paris, France : Editions de Minuit (1972).

Laroussi, F. (2003). « Glottopolitique, idéologies linguistiques et État -Nation au Maghreb », in *Glottopol. Quelle politique linguistique pour quel État-nation ?* janv. 1, 141–150.

Larrivée, P. (2009). *Les français, les québécois et la langue de l'autre*, Paris, L'Harmattan.

Laurendeau, P. (2007). « Avoir un méchant langage. Du comportement social dans les représentations épilinguistiques de la culture vernaculaire : le cas du Québec francophone », in *Glottopol. Francophonies américaines*, 9, 22–48.

Lepoutre, D. (1997). *Cœur de banlieue : codes, rites et langages*, Paris, Odile Jacob.

Lo Duca, M.G. (2003). *Lingua italiana ed educazione linguistica. Tra storia, ricerca e didattica.* Rome, Carocci editore.

Lodge, A. (2002), "« Francien » et « français de Paris »", in *Linx*, 12, 149–172.

Makki, M. (2007), « La langue française au Liban : langue de division, langue de consensus ? », in *Hérodote*, 3, 126, 161–167.

Matthey, M. (2021). « Diglossie », in *Langage et société*, Hors Série 1, 111–114.

Matthey, M. (2003). « Le français Langue de contact en Suisse romande », in *Glottopol*, Revue de sociolinguistique en ligne, juillet n° 2, 92–100.

Matthey, M. (2000). « Aspects théoriques et méthodologiques de la recherche sur le traitement discursif des représentations sociales », in Py, B. (éd.), *TRANEL*, Université de Neuchâtel, Institut des Sciences du langage et de la communication, 32, 21–37.

Merle, M., Matthey, M., Bonsignori, S., Fibbi, R. (2010). « De la langue d'origine à la langue héritée : le cas des familles espagnoles à Bâle et à Genève », in *TRANEL*, Université de Neuchâtel, Institut des Sciences du langage et de la communication, 52, 9–28.

Merlo, J. (2018). *La langue et le clocher. Les enseignants de français en Italie et d'italien en France*. L'Harmattan, Paris. Coll. Sociolinguistique.

Merlo, J. (2010). "Francofonia e educazione in Africa subsahariana : il francese come lingua di insegnamento e la sua didattica in contesti plurilingue in costante evoluzione", in *SILTA*, Studi Italiani di Linguistica Teorica e Applicata, Pacini editore, Pise, 2, 187–214.

Miller, C. (2009). « L'arabe : le poids du passé plombe-t-il les espoirs de l'avenir ? », in Gasquet Cyrus, C. & Petitjean, C. (eds.). *Le poids des langues (Dynamiques, représentations, contacts, conflits)*, L'Harmattan, 141–162.

Milroy, J. & Milroy, L. (1985). *Authority in Language. Investigating language prescription and standardisation*. Routledge, Cornwall, Great Britain. p. 195.

Moliner, P. (1996). *Images et représentations sociales. De la théorie des représentations à l'étude des images sociales*. PUG, Vies sociales, Grenoble.

Montenay, Y. (2011). « Le Liban : du bilinguisme au trilinguisme », in *Les Cahiers de l'Orient*, 103, 75–80.

Moscovici, S. (1961). *La psychanalyse, son image, son public*. Paris, France : PUF.

N'Guessan, K.J. (2006). « Le nouchi et les rapports dioula-français », in Hommage à S. Lafage. *Le français en Afrique*, 26. CNRS, Uni. Nice, 177–191.

Onguéné Essono, L. M. (2016). « Yaoundé, une métropole francophone : essai de description d'un foyer linguistique en construction », in *Le français dans les métropoles africaines*. Le français en Afrique, 30. CNRS, Uni. Nice, 30, 75–93.

Ostiguy, L., Tousignant, C. (2008). *Les prononciations du français québécois. Normes et usages.* Montréal, Québec : Guérin universitaire, 3e millénaire, 2° éd.

Perrot, M. (2014). « Le trajet linguistique des emprunts dans le chiac de Moncton : quelques observations », in *Minorités linguistiques et société / Linguistic Minorities and Society*, 4, Institut canadien de recherche sur les minorités linguistiques, 200–218.

Perrot, M.-E. (2008). « Le chiac de Moncton : description synchronique et tendances évolutives », in Valdman, A., Auger, J., Piston-Hatlen, D. (dir,), *Le français en Amérique du Nord. État présent.* Presses Universitaires de Laval, Québec, 307–326.

Petitjean, C. (2011). « Effets et enjeux de l'interdisciplinarité en sociolinguistique. D'une approche discursive à une conception praxéologique des représentations linguistiques », in *TRANEL*, Univ. de Neuchâtel, Institut des Sciences du langage et de la communication, 53, 147–171.

Peuvergne, J. (2016). « Etude des processus de catégorisations dans un corpus d'entretiens à Douala », in *Le français dans les métropoles africaines*. Le français en Afrique, 30. CNRS, Uni. Nice, 133–149.

Plourde, M. (éd.) (2008). *Le français au Québec. 400 ans d'histoire et de vie.* Montréal, Québec : FIDES et Publications du Québec, 1° éd. 2000.

Prikhodkine, A. (2011). *Dynamique normative du français en usage en Suisse romande. Enquête sociolinguistique dans les cantons de Vaud, Genève et Fribourg.* Paris, France : L'Harmattan, Espaces discursifs.

Queffelec, A. (2009). « Alternances codiques et parlers hybrides en francophonie : convergences et divergences aux plans linguistique, génétique et sociolinguistique », in Blanchet, P., Martinez, P. (éd.). *Pratiques innovantes du plurilinguisme. Emergence et prise en compte en situations francophones*, AUF et Ed. Archives Contemporaines, 41–50.

Queffelec, A. (2007). « Les parlers mixtes en Afrique subsaharienne », in *Le Français en Afrique*, 22, CNRS, Univ. Nice, 277–291.

Queffelec, A. (2000). « Le Français en Afrique noire francophone », in G. Antoine, B. Cerquiglini (éd.), *Histoire de la langue française*, vol. 2, 1945–2000, Paris, CNRS Editions, 797–837.

Rey, A. (1972). « Usages, jugements et prescriptions linguistiques », in *Langue française*, 16, 4–27.

Riley, K.C. (2012). « L'idéologie hétéroglossique et l'identité dialogique », in Trimaille, C., Eloy, J.-M. (eds). *Idéologies linguistiques et discriminations*. Paris, France : Carnets d'Atelier de Sociolinguistique, 6. UPJV – LESCLaP, L'Harmattan, 59–83.

Roger, G., De Bres, J. (2017). « Langues de France et Charte européenne des langues régionales ou minoritaires : inventaire critique des arguments anti-ratification, 2014–2015 », in *Sociolinguistic Studies / Estudios de Sociolingüística*, 11(1), Univ. de Vigo, 131–152.

Saussure de, F. (1916). *Cours de linguistique générale*. Edition critique (1967) (dir. De Mauro, T.), Paris : Ed. Payot Rivages (1995).

Siebetcheu, R. (2019). « Le camfranglais en Italie : appropriation et attitudes linguistiques », in Siebetcheu R., Machetti S. (éd.), *Le camfranglais dans le monde global. Contextes migratoires et perspectives sociolinguistiques*, L'Harmattan, 85–138.

Simonis, F. (2000). « Du mandingue aux bambara, dioula et malinké : la naissance des langues nationales en Afrique de l'ouest », in Dubois C., Michel M., Soumille P. (éd.), *Frontières plurielles, frontières conflictuelles en Afrique subsaharienne*, L'Harmattan, 107–114.

Soukehal, R. (2011). « La France, l'Algérie et le français : entre passé tumultueux et présent flou », in *Les Cahiers de l'Orient*, 103(3), 47–60.

Spagna, M.I. (2017). « Le français en Vallée d'Aoste : état des lieux et perspectives », in *Lingue e Linguaggi*, 21, 207–218.

Spolsky, B. (2009). *Language management*. Cambridge : Cambrige University Press.

Telep, S. (2014). « Le camfranglais sur Internet : pratiques et représentations », in *Français en contact et discours électroniques. Le Français en Afrique*, 28, CNRS, Uni. Nice, 27–145.

Tost Planet, A.M. (2005). "I progetti europei d'intercomprensione tra parlanti di lingue romanze", in Benucci, A. (éd.), *Le lingue romanze, una guida per l'intercomprensione*, UTET Libreria, Torino, 15–54.

Valdman, A., Auger, J., Piston-Hatln, D. (2008). « Introduction », in *Le français en Amérique du Nord. État présent*. Presses Universitaires de Laval, Québec, 1–35.

Vandepoorter, M., North, X. (éd.), (2004). « La Belgique », in *Les politiques des langues en Europe*. France : Ministère de la Culture et de la Communication ; Ministère des Affaires Etrangères – Délégation générale à la langue française et aux langues de France, novembre.

Vézina, R. (2009). *La question de la norme linguistique*. Québec : Conseil Supérieur de la Langue Française, 14.

Wauquier-Gravelines, S. (2010), « Acquisition de la phonologie « du » français : des usages à la structure », in *Langue française*, 4, 168, pp.127–144.

INDEX THEMATIQUE

Abidjan 13, 49, 94–95, 103
Acadie 9, 71, 102
accent 11, 15, 24, 26, 28–29, 106
Accent 103
acrolecte 22, 46–47, 55, 67
Afrique 8, 11, 13, 22, 34, 49, 56–57, 59–60, 62, 64, 78, 87, 92, 101, 103, 105–110
Algérie 50, 59, 79–81, 110
allemand 54, 66, 81–82
alsacien 26, 32, 75
alternance codique 9, 87–89, 93
amazighe 79
aménagement linguistique 15, 56, 69
arabe 9, 20, 26, 39, 47, 51, 54, 63, 66, 76, 78–81, 101, 108
  arabe classique 78
  arabe médian 80–81
archaïsme 53
argot 28, 30, 106
arménien 76

bambara 64–66, 110
basilecte 46–47, 66
basque 11, 32, 57, 76, 77
Belgique 8, 11, 27, 44, 48, 52–53, 57, 59–60, 67–70, 81, 105, 111
Bénin 63
berbère 51, 76, 79–80, 104

bilinguisme 12, 44, 50, 70, 84, 89, 104, 108
breton 32, 75, 76
Bruxelles 13, 44, 68–69, 102
Burkina Faso 63–65
Burundi 63

calque 54
Cameroun 9, 13, 52, 63–64, 66, 90–92, 106
Camfranglais 90
Canada 9, 13, 48, 52, 57, 60, 70–73, 78, 92, 104
  Franco-Canadiens 33
capital linguistique 12, 44–45
catalan 25, 32, 45, 50, 75, 77
Charte canadienne des Droits et des Libertés 74
Charte de la Langue française 74
Charte européenne des Langues régionales et minoritaires 77
chiac 9, 12, 72, 91–94, 102, 109
ciluba 66
Circulaire Peeters 8, 68
code mixing 9, 87, 89, 91–92, 94–95
code switching 9, 87
communauté linguistique 18, 20–21, 29, 34, 37, 46, 54–55, 103
Comores 63
compétence 44, 84, 107

compétences
  actives 8, 12, 45
  de réception 45
  passives 8, 12, 45
Congo Brazzaville 63
Congo Kinshasa 63, 66
continuum 12, 19, 46–47, 66, 91, 93, 95, 106
corse 32, 75, 77
Côte d'Ivoire 90, 94–95, 104, 107
créole 60, 90
d'Egypte 80
Dakar 99, 105
darija 80, 104
diachronie 7, 24
  diachronique 20

dialecte 11, 28, 31–34, 83
diamésie 27
  diamésique 7, 23, 27
diaphasie 20, 24–25, 27
diastratie 7, 20, 26–27, 30
  diastratique 23–24
diatopie 20, 22, 24, 26–27
  diatopique 7, 23–24, 26, 29, 105
diglossie 12, 44, 47–48, 82, 83
  diglossiques 47
dioula 63, 64–65, 94–95, 104, 108, 110
Djibouti 63
Douala 91, 109

emprunt 54
épilinguistique 34

facilités 8, 68–69
fang 66

flamand 69
Flandres 68
FPI 9, 90, 94–95
francolof 9, 88–89
francomtois 83
francophonie 11–13, 15, 17, 21, 38, 59–62, 73, 78, 97, 105, 107, 109
  Francophonie 11, 59
francoprovençal 33, 49, 83–85
fransango 9, 88
Fribourg 83, 106, 109
fulani 64
fulfude 64

Gabon 63, 66
Guinée 63–65
Guyane 75, 90

habitus 35
haoussa 66
hypercorrection 12, 38

Idéologie 7, 35, 107
insécurité 7, 37, 73, 83, 105
intercompréhension 8, 21, 45, 80, 82
italien 23–24, 32–33, 38, 49, 49, 54, 81, 83–84

judéo-espagnol 76
jurassien 33, 83

kanak 75
kikongo 66
kinyarwanda 63
kirundi 63
kiswahili 66
koinè 28, 32–33

INDEX THEMATIQUE

Langue d'Origine Héritée 8, 50
Langue de première
  socialisation 8, 48
langue seconde 8, 48–50, 60
Liban 9, 60, 78–79, 107–108
lingala 66
locuteur masqué 8, 40
Loi 101 57, 74–75
Loi Bas-Lauriol 77
Loi Deixonne 76
Loi Haby 77
Loi Toubon 77
LSF 76

Machrek 80
Maghreb 9, 13, 49, 60, 79–80, 104, 107
Mali 63–66
malinké 63, 110
mandingue 64, 65, 110
mandinka 63
marché linguistique 26, 37, 39, 44, 50
Maroc 79–81, 104
mélange 9, 66, 71, 87, 89, 91–92, 94–95, 102
Moncton 11, 71, 92–93, 107, 109
monolinguisme 9, 50, 52, 57, 71, 75, 79
Montréal 13, 40–41, 44, 74, 102, 109
multilinguisme 52

néerlandais 67, 69
Niger 62–64
nouchi 9, 12, 90–91, 94–95, 108
Nouveau-Brunswick 9, 48, 60, 70–71, 92–93, 104

occitan 31–32, 39, 47, 75, 77, 84
Office Québécois de la Langue
  Française 56
OIF 12, 59
oïl 31, 83

patois 7, 11, 23, 28, 33–34, 84, 103
peul 63–64
pidgin 90, 92
plurilinguisme 9, 12, 43, 45, 50, 52, 57, 79, 84–85, 89, 94, 101, 104, 107, 109
politiques linguistiques 57, 81, 84, 104
poular 63
Premières Nations 70

Québec 9, 27, 48, 53–54, 57, 60, 70–74, 93, 98, 101–102, 105–107, 109–111

régiolecte 83
répertoire 15, 21, 44, 46, 51–52, 79, 83, 87–88, 95
représentations linguistiques 8, 11, 15, 22, 24, 28, 39–40, 60, 84, 93, 98, 109
République
  Centrafricaine 63, 66, 88
réseaulecte 92
Réunion 90, 104–105
Révolution Tranquille 73
romanche 81
romani 76
Rwanda 63

sango 63, 66, 88
schwiizerdütsch 82

sérère 63
sociolecte 26, 30, 32, 92
soninké 63
standardisation 8, 32, 36–37, 47, 56–57, 108
Suisse 9, 26–27, 33, 44, 48, 50, 53, 60, 68, 81–83, 103, 106–109
Syrie 80

tahitien 77
tamazight 79
territorialisation 9, 57, 68, 81
Togo 63
Tunisie 79, 81

Valais 83
Vallée d'Aoste 9, 33, 49, 60, 83–85, 105, 110
véhiculaire 7, 28, 33–34, 43, 49, 64–66, 88, 90–92, 94–95
vernaculaire 7, 28, 33–34, 46, 60, 71, 80–82, 90, 92–93, 95, 107

Wallonie 26–27, 44, 48, 68, 70
wolof 31, 33, 63, 66, 88–89

Yaoundé 49, 91, 99, 109
yiddish 76

INDEX DES CARTES

Les cartes ont été réalisées par Andrea Simone et Daniele Mezzapelle, enseignants-chercheurs en Géographie auprès de l'Università per Stranieri di Siena (Italie).

Carte 1 : Pays membres de l'Organisation Internationale de la Francophonie (Simone A., source : OIF) 61

Carte 2 : Langue française et institutions en Afrique subsaharienne (Simone A., sources : Merlo 2010 ; http ://osservatoire.francophonie.org). 62

Carte 3 : Dioula et poular, pays de diffusion de deux véhiculaires d'extension internationale en Afrique subsaharienne (Simone A., source : Merlo 2010). 64

Carte 4 : Pays d'Afrique francophone linguistiquement homogènes ou ayant une langue d'extension nationale (Simone A., source : Merlo 2010). 65

Carte 5 : Régions linguistiques et communes à facilités linguistiques en Belgique (Mezzapelle D., source : Commission permanente de contrôle linguistique, Belgique). 67

Carte 6 : Présence des francophones au Canada par provinces (Mezzapelle D., source : Statistique Canada). 72

Carte 7 : Langues régionales en aires de diffusion en France métropolitaine (Mezzapelle D., source : Cerquiglini 2003). ... 75

Carte 8 : Les langues de Suisse : langues institutionnelles, langues parlées (Mezzapelle D., sources : Office Fédéral de la Statistique ; Gross 2004 ; Brohy 2022). 82

Champs didactiques plurilingues : données pour des politiques stratégiques

La collection « Champs didactiques plurilingues » vise à promouvoir les travaux et recherches autour de l'enseignement / apprentissage des langues étrangères à partir du triple ancrage sujets – objets – contextes et de leurs dynamiques propres et interagissantes. La collection se déploie sur trois volets : un volet « La recherche en mouvement » destiné aux chercheurs, aux étudiants-chercheurs et aux praticiens-chercheurs ; un volet « Savoirs pour savoir faire » destiné plus particulièrement aux étudiants, aux praticiens et aux décideurs; un volet « Échanges de la recherche » pour des articles écrits à partir de communications de colloques et congrès.

« Champs didactiques plurilingues » publie des livres en anglais, français, espagnol ou portugais et un partenariat avec la revue Matices en Lenguas Extranjeras de l'Universidad Nacional de Colombia (https://revistas.unal.edu.co/index.php/male/index) permet aux auteurs de publier un podcast de présentation de leur ouvrage (https://www.youtube.com/watch?v=f8ac5nccwM&list=PLktj7abiVwJohkkWimsHEajIG_J6PQjEQ).

Directeur de collection : Patrick Chardenet

Comité scientifique

Frédéric Anciaux, INSPE Guadeloupe (France)
Maria Helena Araújo e Sá, Universidade de Aveiro (Portugal)
Philippe Blanchet, Université de Haute Bretagne Rennes 2 (France)
Jean-Marc Defays, Université de Liège (Belgique)
Christian Degache Université de Grenoble Alpes (France)
Fred Dervin, Helsingfors Uniersitet (Finlande)
Piet Desmet, Katholieke Universite it Leuven (Belgique)
Olivier Dezutter, Université de Sherbrooke (Canada)
Enrica Galazzi, Università Cattolica del Sacro Cuore (Italie)
Laurent Gajo, Université de Genève (Suisse)
Tony Liddicoat, University of Warwick (Royaume-Uni)
Eliane Lousada, Universidade de São Paulo (Brésil)
Bruno Maurer, Université Paul Valéry, Montpellier 3 (France)
Dominique Macaire, Université de Lorraine (France)
Danièle Moore, Simon Fraser University (Canada)
Christian Ollivier, Université de La Réunion (France)
Rosana Pasquale, Universidad Nacional de Luján (Argentine)
Fabián Santiago, Université Paris 8 Vincennes - Saint-Denis & CNRS (France)
Haydée Silva, Universidad Nacional Autónoma de México (Mexique)
Francis Yaiche, Université de Paris (France)

Ouvrage parus

Savoirs pour savoir faire

Vol. 1 – Laurent Puren et Bruno Maurer (dir.), *La crise de l'apprentissage en Afrique francophone subsaharienne. Regards croisés sur la didactique des langues et les pratiques enseignantes*. 2018.

Vol. 3 – Kaouthar Ben Abdallah et Mohamed Embarki, *Éducation et formation en contexte plurilingue maghrébin. Problématiques entre didactique et politique linguistique éducative*. 2020.

Vol. 4 – Maria Helena Araújo e Sá & Carla Maria Ataíde Maciel (eds.), *Interculturalidade e plurilinguismo nos discursos e práticas de educação e formação. Contextos pós-coloniais de língua portuguesa*. 2021.

Vol. 9 – Haydée Silva (dir.), *Regards sur le jeu en didactique des langues et des cultures. Penser, concevoir, évaluer, former*. 2022.

Vol. 10 – Jean-Marc Mangiante et Chantal Parpette (dir.), *État de la recherche en FOS et en FOU*. 2022.

Vol. 16 – Jonathan-Olivier Merlo, *Par monts et par mots. Pour un itinéraire sociolinguistique de la francophonie*. 2023.

La recherche en mouvement

Vol. 2 – Jue Wang Szilas, *Apprendre des langues distantes en eTandem. Une étude de cas dans un dispositif universitaire sino-francophone*. 2020.

Vol. 5 – Pierre Demers, *Elements of Second and Foreign Languages Teaching to Indigenous Learners of Canada. Theories, Strategies and Practices*. 2021.

Vol. 6 – Francisco Lorenzo, Virginia de Alba Quiñones, Olga Cruz-Moya (eds.), *El español académico en L2 y LE. Perspectivas desde la educación bilingüe*. 2022.

Vol. 7 – Zehra Gabillon, *Apprentissage de langues additionnelles dans un cadre scolaire plurilingue. Langues autochtones, étrangères, régionales et patrimoniales*. 2022.

Vol. 8 – Marie-Anne Châteaureynaud, *Sociodidactique du plurilinguisme et de l'altérité inclusive. Des langues régionales aux langues des migrants*. 2022.

Vol. 11 – Rita Carol, *Enseigner une matière scolaire dans une langue étrangère. Des théories aux pratiques*. 2022.

Vol. 12 – Zehra Gabillon, *Learning additional languages in plurilingual school settings. Autochthonous, foreign, regional and heritage languages*. 2022.

Vol. 13 – Marie-Anne Chateaureynaud and Peter John (eds.), *LSP Teacher Training Summer School. The TRAILs project*. 2023.

Vol. 14 – Maria Helena Araújo e Sá, Paulo V. Feytor Pinto S. de Faria, & Susana Pinto (eds.), *Mobilidade internacional de estudantes do ensino superior na CPLP: questões de língua e cultura*. 2023.

Vol. 15 – Fryni Kakoyianni-Doa et Sofia Stratilaki-Klein (dir), *Discours et représentations grammaticales du Français Langue Étrangère*. 2023.

www.peterlang.com